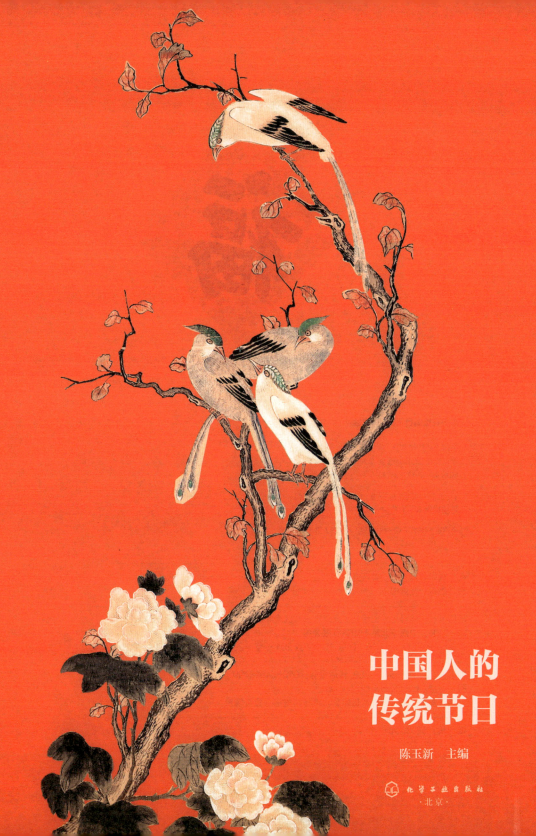

中国人的
传统节日

陈玉新　主编

图书在版编目（CIP）数据

中国人的传统节日/陈玉新主编. —北京：化学工业出版社，2019.9（2025.3重印）
ISBN 978-7-122-34785-5

Ⅰ.①中… Ⅱ.①陈… Ⅲ.①节日-风俗习惯-中国-通俗读物 Ⅳ.①K892.1-49

中国版本图书馆CIP数据核字（2019）第133633号

责任编辑：温建斌　龚风光　　　　装帧设计：今亮后声 HOPESOUND
责任校对：张雨彤

出版发行：化学工业出版社（北京市东城区青年湖南街13号　邮政编码100011）
印　　装：中煤（北京）印务有限公司
710mm×1000mm 1/16　印张15　字数201千字　2025年3月北京第1版第10次印刷

购书咨询：010-64518888　售后服务：010-64518899
网　　址：http://www.cip.com.cn
凡购买本书，如有缺损质量问题，本社销售中心负责调换。

定　价：59.80元　　　　　　　　　　　　　　版权所有　违者必究

前言

中国是个有着悠久历史和灿烂文化的文明古国,有着深厚的文化底蕴。农耕文化、游牧文化和海洋文化在中国历史发展过程中相互碰撞、相互融合,使中华民族形成了丰富的节日文化。

中国传统节日历经数千年的演变,即便朝代更迭,却依旧得以延续。其所记录的是古人丰富多彩的社会生活,同时承载着他们的精神世界。其所蕴含的原始信仰、祭祀文化、天文、地理、历法等人文与自然知识,是中华民族智慧的结晶。

在古代农业社会,农作物的播种、培育、生长、成熟,都依赖阳光、雨水等气候条件。靠天吃饭的人们,对物候、

天象的变化自然就有着高度的自觉性和敏感性。在不断的总结和实践中，逐渐形成了四时八节的时令系统，汉代以后，四时八节又进一步细分为二十四节气。人们根据二十四节气的岁时变化，逐渐形成了中国特色的岁时节令民俗。岁时节日，大多依傍着自然节气，比如清明节和冬至节等。不过传统节日的形成还与宗教崇拜、神话传奇、迷信禁忌、人物纪念等社会风俗和历史文化有关。大部分节日在先秦时期出现，秦汉至南北朝时期基本成型，唐宋元明清时期继承发展，并一直延续至今。

中国传统节日是中华文化的重要载体，代表着中华文化的特质和精神。传统节日作为载体，寄托着关于民族情感最温情的呵护与敬意。不同地域、不同年龄、不同社会身份的人们，在庆祝相同传统节日的过程中，实现了关于民族情感、人文情怀的殊途同归。但今天的中国人，尤其是年轻人，热衷于过"洋节"，如圣诞节、情人节等外国节日在中国升温。我国的传统节日面临着有些尴尬的局面：关于传统节日的记忆正趋向苍白、关于传统节日的细节正在淡去，甚至有些传统节日沦落为"放假"的代名词。尽管传统节日有着丰富的文化内涵，却被人们日益淡忘，有识之士甚至发出"抢救传统节日"的呼声。

纪念传统节日，对于弘扬中华文化以及蕴含其中的民族精神，具有多方面的积极意义。由此，我们编写了本书，意在弘扬中华传统文化，唤起同宗同源的民族情，增强文化同根性的亲和力，让更多的年轻人认识和回归传统节日，体会中华民族特有的生活方式和文化取向。中华民族传统节日五彩缤纷，包含了各少数民族异彩纷呈的民族节日，限于篇幅，我们仅选取了十六个有代表性和文化社会意义的传统节日，分别介绍节日名称、源流演变、传统习俗、故事传说、历史典故、诗词文化等内容。

我国地域辽阔，南北跨纬度大，"百里不同风，千里不同俗。"传统节日在各地的内容和形式可能会有不同，本书较难全面兼顾，还请广大读者体谅。

目录

春节 —001

元宵 —017

龙抬头 —033

花朝 —045

上巳 —061

清明 —077

端午 —091

天贶 —107

· 源流演变 ·

· 传统习俗 ·

七夕 —119

中元 —133

中秋 —147

重阳 —159

冬至 —177

腊八 —189

祭灶 —201

除夕 —213

·故事传说·

·历史典故·

·诗词文化·

春節

元 日

[宋]王安石

爆竹声中一岁除,春风送暖入屠苏。
千门万户曈曈日,总把新桃换旧符。

　　春节，中国农历正月初一，又叫"阴历年""元日"，中国人俗称"过年""新年"，是中华民族最重视的一个传统节日，也是中国所有节日中最隆重、最热烈，庆祝时间最长的节日。春节的到来，意味着草木凋零的寒冬即将过去，万物复苏的春天即将到来。其实，中国历史上的春节并不指岁首，而是立春之节，特指二十四节气中的立春。农历岁首和四时节序基本同步，立春与岁首前后相差不了几天，人们在庆贺新年的同时喜迎新春。

　　什么是"年"？在甲骨文中，"年"的写法为上面一个"禾"字，下面一个"人"字，用一人背负着成熟的禾的形象，表示庄稼成熟，即"年成"。《说文解字·禾部》称："年，谷熟也。"《尔雅》亦有"年者，取禾一熟也"的说法。用谷物的成熟，来表达时间的概念，由此可见我们的文化中始终蕴含着农耕文明的气息。春节，即新年，为一年的开始。

　　春节一般是指一年当中的第一天，但民间传统意义上的春节是从腊月初八的腊祭或腊月二十三、二十四的祭灶开始，一直到正月十五，以除夕和初一为高潮。年前驱邪除秽，岁后迎新纳福，如祭祀神佛、祭奠祖先、除旧布新、迎禧接福、祈求丰年等。

源流演变

相传帝舜继承天子时,带领人们祭拜天地,于是人们便把帝舜继位的那天定为新年的第一天,叫作岁首,这就是夏历的新年。不过在历史的演变过程中,夏历的新年在不同时期有着不同的名称。

先秦时期被称为上日、元日、改岁、献岁等;两汉时期叫三朝、岁旦、正旦、正日等;到了魏晋南北朝时又称元辰、元日、元首、岁朝等;唐宋元明时又称为元旦、元、岁日、新正、新元等;到了清代,一直叫元旦或者元日。直到1914年,袁世凯批准阴历正月初一为"春节",阳历年首为"元旦"。1949年,中国人民政治协商会议通过了使用"公历纪年法",将公历的1月1日定为"元旦",将农历正月初一定为"春节",并规定春节假期,让人们热烈地庆祝农历新年。

在古代对春节的诸多称谓中"元旦"最普遍,时间也最长。"元"之本意为"头",后引申为"开始"。《说文解字》中对"旦"的解释为:"从日见一上,一,地也。"表示太阳刚刚从地平线上升起,意为早晨。因为它代表了一年的第一个早晨,正月的第一个早晨,所以称为"元旦"或"正旦"。

不过,那时候,新年的具体日期是不断变动的,夏朝定在一月初一,商朝改成了十二月初一,周朝又改为十一月

初一，到了秦朝又把新年提前到了十月初一。直到公元前104年（太初元年），汉武帝接受司马迁等人的建议，开始使用《太初历》，恢复了夏历（即农历），明确规定正月初一为岁首，并把二十四节气定入立法。虽然后来的朝代对历法有过修改，但大多依据《太初历》，仍然以孟春正月为岁首，正月初一为新年的第一天。

到了先秦时期，开始有了新年习俗的萌芽，不过那时的庆祝活动主要是在一年农事结束后，为报答神灵的恩赐而举行的"腊祭"（祭先祖）、"蜡（zhà）祭"（祭百神）活动。《诗经·豳风·七月》中记载了西周时期，新旧岁月交替之时人们酿酒宰羊的欢聚场景，"九月肃霜，十月涤场。朋酒斯飨，曰杀羔羊。跻彼公堂，称彼兕觥，万寿无疆！"意思是人们将美酒和羔羊奉献给诸神，来表达对神的感谢。不过那时的庆祝活动，因为各诸侯国采用的历法不同所以没有统一的日期，大概在冬天农闲之时，这是新年习俗的雏形。

后来社会一直动荡不安，百姓经历了四分五裂的局面也苦不堪言，虽然秦朝统一了中国，但是徭役赋税极其苛刻，民不聊生，直到西汉初期开始推行"休养生息"的政策后，社会生产开始慢慢恢复和发展起来，人们的生活情趣开始高涨，形成了一系列的节日习俗。后来《太初历》开始推行后，正月初一作为新年的日期被正式确立下来，于是原来各地区不同的酬神、祭祀和庆祝活动开始逐渐统一到正月初一这一天进行。

随着社会的不断发展，过新年的习俗越来越多。汉朝时，祭祖是春节的重要活动。东汉崔寔在《四民月令》中写道："正月之朔，是谓正旦，躬率妻孥，洁祀祖祢。"

魏晋时，开始有了除夕守岁的习俗。晋朝周处在《风土记》中记载：除夕之夜，各相与赠送，称"馈岁"；酒食相邀，称"别岁"；长幼聚饮，祝颂完备，称"分岁"；大家终夜不眠，以待天明，称"守岁"。这习俗一直沿袭至今。同时在《风土记》中还记载了，在除夕之夜燃放爆竹以"辟邪驱鬼"（即"年"这种猛兽）的传说。

　　新年习俗在唐朝发生了裂变。唐朝是思想文化繁荣的时期，那时内外文化交流很频繁，于是新年习俗从过去的祈祷、迷信的神秘气氛，开始向娱乐、礼仪方向转变。过去过年的爆竹不再用来驱鬼，而成为欢乐、喜庆的方式；之前庆祝新年的重点也由祭祀神灵转向了娱人。唐代人们除登门拜年，还发明一种"拜年帖"。唐太宗李世民用赤金箔做成贺卡，御书"普天同庆"，赐予大臣。很快这个形式开始在民间普及，大家改为梅花笺纸，相互写"拜年贴"，当时这种"拜年帖"被称为"飞帖"。可以说从唐代开始，新年才成为普天同庆的"良辰佳节"。

　　到了宋代，人们在过年时开始吃饺子，宋朝称饺子为"角子"。宋朝吴自牧在《梦粱录·宰执亲王南班百官入内上寿赐宴》中记载："凡御宴至第三盏，方进下酒咸豉，双下驼峰角子。"宋代已经开始用纸包火药做成爆竹，除夕、春节放爆竹的习俗逐渐盛行起来。《东京梦华录》中记载："是夜禁中爆竹山呼，声闻于外。"

　　到了明朝，又开始盛行接灶神、贴门神、除夕守岁、十五赏灯会等活动。清朝对过年是非常重视的，宫廷里那天极尽奢华，皇帝写福字赐给群臣，过年一直延续到元宵佳节才算结束，猜灯谜是极为流行的取乐方式。

　　明清时期的新年习俗跟之前的又有所不同，礼仪性和应酬性加强。人们在新年里相互拜谒，达官贵人流行互送名帖或者登门叩拜；平民百姓讲究互赠礼品，相互拜年。在新年期间舞狮子、舞龙、演戏、说书、踩高跷等娱乐活动开始出现，让人应接不暇。这时期，新年习俗已经与传统文化融为一体，成为集中展示中国几千年风俗文化的大博览会。

1911年，辛亥革命以后，清朝统治被推翻，中国进入一个全新的时代，政府提倡新历，传统过年不再休假。礼仪上，脱帽、鞠躬、握手、鼓掌等新礼节逐渐成为中国人际交往的"文明仪式"。

传统习俗

贴春联

贴春联起源于古代民间挂桃符的习俗。在秦汉以前，过年时家家户户都要在大门左右悬挂桃符，用于驱邪镇鬼。那时的桃符是用桃木做的两块门板，上面画着神荼、郁垒二将或者写着他们的名字。

唐朝以后，除了以往的神荼、郁垒二将以外，人们又把秦叔宝和尉迟恭两位唐代武将当作门神。

到了五代十国时期，后蜀国主孟昶酷爱桃符，每年除夕都会在宫门上挂起桃符。广政二十七年（公元964年），他在桃符上写下了联语："新年纳馀庆，嘉节号长春。"这是中国最早的一副对联了。

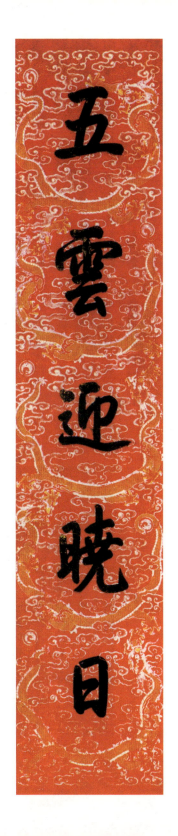

明太祖朱元璋十分喜爱春联，他颁布圣旨让每家每户在除夕时都用红纸写对联贴在门上。此后，春节贴对联就作为一种习俗流传至今。

放爆竹

春节放爆竹的习俗古已有之，其历史源远流长。据魏晋《荆楚岁时记》记载："正月一日，是三元之日也……鸡鸣而起，先于庭前爆竹，以辟山臊恶鬼。"这说明燃放爆竹在古代是一种驱邪的仪式活动，后来逐渐演变成固定习俗。

爆竹一开始是把湿竹节放在火堆里烧，燃烧过程中会因为竹节爆开发出噼啪的响声。到唐朝时，民间开始将硝石装在竹筒里点燃，在发出响声的同时也会产生浓烟。随着火药的发明，人们便将硝石、硫黄和木炭等填充在竹筒内，于是便产生了"爆仗"。到了宋代，民间开始普遍用纸筒和麻茎裹火药编成串，做成"编炮"，因声音清脆如鞭响，也叫"鞭炮"。

爆竹能增添节日喜庆气氛，本身小巧轻便，因而逐渐在民间广为传播。

拜年

大年初一，人们早早起床，穿上新衣戴上新帽，开始走亲串友，互相拜年。拜年是春节传统习俗，指新年拜家中尊长及到亲朋好友家祝贺，辞旧迎新。通常，晚辈向长辈叩头施礼，祝贺新年如意，生活安康，长辈可将事先准备好的压岁钱派给晚辈，祝其岁岁平安；同辈亲友则抱拳作揖，施礼道贺。

关于"拜年"的起源，有种种记载。宋人孟元老在《东京梦华录》中记载北宋汴京（北宋的京城，今河南省开封市）："正月一日年节，开封府放关扑三日。士庶自早互相庆贺。"宋人周辉在《清波杂志》中记载："宋元祐年间，新年贺节，往往使用佣仆持名刺代往。"这可能是"拜年"模式的开始阶段。

明代陆容在《菽园杂记》中记载道："京师元旦后，上自朝官，下至庶人，往来交错道路者连日，谓之'拜年'。然士庶人各拜其亲友，多出实心。朝官往来，则多泛爱不专……"

随着拜年的兴起，又引出了团拜之分。清代艺兰主在《侧帽余谭》中记载道："京师于岁首，例行团拜，以联年谊，以敦乡情，诚善举也。每岁由值年书红订客，饮食宴会，作竟日欢。"从该文可知，这时的团拜已属"例行"。

故事传说

"年"的传说

传说很久以前，有一种叫"年"的怪兽，平时藏在海底，每到除夕就爬上岸来，为非作歹，伤人害畜。它头上长着尖尖的犄角，身上的皮很结实，简直就是刀枪不入，它非常凶猛，所到之处无人能敌。没有办法，惹不起只能躲避，于是大家每到除夕就扶老携幼，逃往深山。

一年的除夕又到了，桃花村的村民像往年一样，忙着收拾东西准备逃往深山。这时村里来了一位白发苍苍、拄着拐杖的老人，不过大家正忙着收拾行装，封锁门窗，没人来关照这位老人，只有村东头的一位老婆婆给老人一些食物，并让他快点上山躲避"年"兽，不过那位白发老人却对老婆婆说只要让他在她家住一晚，他定能将"年"兽赶走。大家没有把他的话当真，老婆婆还是劝他跟大家一起上山躲避，但老人坚持留下，众人没法，眼看天也快黑了，只能撇下老人匆匆上山了。

是夜，"年"像以往一样走进桃花村准备肆虐时，突然看到村东头的老婆婆家，门上贴着大红纸，并且屋里灯火通明，"年"既害怕又生气，它狂叫一声向老婆婆家奔去，突然又听到"噼里啪啦"的爆竹声，"年"浑身颤栗，再也不敢向前一步了，原来"年"兽害怕红色、火光和炸响。这时，老婆婆家的大门打开，一位身披红袍的老人威武地站在门前朝它哈哈大笑，"年"兽大惊失色，赶紧逃到海底藏了起来。

当人们从深山回来后发现村里居然安然无恙，这才恍然大悟，原来白发老人是老天派来帮助大家驱逐"年"兽的神仙,神仙留下了驱逐"年"兽的三件法宝:竹子、红蜡烛和红对联。开心的人们为庆祝这一时刻,纷纷换上新衣戴上新帽,到亲朋好友家道喜问好。

很快,对付"年"兽的办法传递开来,从此,每到除夕,家家户户都贴上红对联,燃放爆竹,并且灯火通明,守更待岁。初一一大早,还要走亲串友,相互道喜问好,这风俗越传越广,最后成了春节最重要的活动。

万年历法的传说

相传古时候,有个叫万年的青年,他看到当时的节令非常乱,就想把节令给定准确了,但是一直找不到计算时间的方法。一天他上山去砍柴,砍累后就坐在树荫下休息,看到树影的移动,受这个启发,他设计了一个可以通过测日影计天时的晷仪,来测定一天的时间;后来,他又看到山崖上的滴泉,受到启发,他又做出了一个五层的漏壶来计算时间。

经过长期的观察,万年发现每隔三百六十多天,四季就轮回一次,天时的长短也重复一遍。于是万年就带着日晷和漏壶去见当时的国君——祖乙。祖乙也正为天气变幻无常深感苦恼,听到万年讲的日月运行规律,觉得很有道理,于是便把万年留下,并在天坛前修建了日月阁,筑起日晷台和漏壶亭,让他专心研究日月的规律,创建历法,为天下的黎民百姓造福。

祖乙去了解万年测试历法的进展情况。当他登上日月阁时,看见天坛边的石壁上刻着一首诗:

日出日落三百六,周而复始从头来。
草木枯荣分四时,一岁月有十二圆。

祖乙明白万年已经成功了,于是亲自登上日月阁看望万年。万年指着天象,对祖乙说:"现在正好是十二个月满,旧岁已完,新春复始,祈请国君定个

节日吧。"于是祖乙道:"春为岁首,就叫春节吧。"据说这就是春节的来历。

日月如梭,万年一遍遍修改自己的历法,最终制定出了准确的太阳历。当他把太阳历呈奉给继任的国君时,此时已经满面银须。新国君非常感动,为纪念万年的功绩,便将太阳历命名为"万年历",封万年为"日月寿星"。人们在过年时挂上寿星图,据说就是为了纪念德高望重的万年。

历史典故

倒贴"福"字的典故

每逢春节,家家户户都会在门窗贴上大大小小的"福"字。春节贴"福"的风俗由来已久。据《梦粱录》记载:"岁旦在迩,席铺百货,画门神桃符,迎春牌儿……""士庶家不论大小家,俱洒扫门闾,去尘秽,净庭户,换门神,挂钟馗,钉桃符,贴春牌,祭祀祖宗。"里面的"春牌"就是现代在红纸上写的"福"字。

我们现在的"福"字意为"幸福",与过去有所不同,过去意为"福气""福运"。虽然"福"字的意思已经有所变化,但春节贴"福",不管何时都寄托了人们对幸福生活的向往,对美好未来的祝愿。有时人们干脆将"福"字倒过来贴,表示"幸福已到""福气已到"。"福"字倒贴在民间还有一则有趣的典故。

相传明太祖朱元璋想用"福"字作暗记准备杀人,不过这事被好心的马皇后知道了。为消除这场灾祸,马皇后让全城所有人家在天明之前在自家门上贴一"福"字。其中有一户人家不识字,竟然把"福"字贴倒了。第二天,明太祖派人上街去查看,结果发现家家都贴了"福"字,还有一家把"福"字贴倒了。

皇帝听了很生气,下令把那家人满门抄斩。马皇后忙解围道:"那家人知道您今日来访,所以故意把福字贴倒了,不就是'福到'的意思吗?"皇帝一听觉得挺有道理，便下令把那家人放了，一场灾难终于消除了。

从此民间便流行将"福"字倒贴，一求吉利，二为了纪念马皇后。

诗词文化

新年作

［唐］刘长卿

乡心新岁切，天畔独潸然。

老至居人下，春归在客先。

岭猿同旦暮，江柳共风烟。

已似长沙傅，从今又几年。

刘长卿，字文房，宣城（今属安徽）人，唐代诗人，工于诗，长于五言，自称"五言长城"。

这首诗是作者被贬南巴尉时所作。"每逢佳节倍思亲"，对于被贬到荒凉地区的刘长卿来说，在万家团圆的日子里，想起自己蒙受的冤屈，想起远方的亲人不禁潸然泪下。再联想到未来的仕途艰难，自己年华已逝，心里更是难过。虽然新年伊始，天下共春，但是自己依然滞留在偏远的潘州，升迁无望，不知道这样的日子何时才是个尽头？

玉楼春·己卯岁元日

［宋］毛滂

一年滴尽莲花漏。碧井酴酥沉冻酒。晓寒料峭尚欺人，春态苗条先到柳。

佳人重劝千长寿。柏叶椒花芬翠袖。醉乡深处少相知，祗与东君偏故旧。

毛滂，字泽民，衢州江山石门（今浙江衢州）人，北宋词人，有《东堂集》十卷和《东堂词》一卷传世。

一年的时光就这样匆匆而过,在井悬冻酒,晓寒侵人之时,柳枝那婀娜的身姿,已经透露出了新春的气息。虽然有佳人在旁劝酒佐兴,但作者却为早春的景物所吸引,就像见到了久别重逢的老友。

七年元日对酒五首之二

[唐]白居易

众老忧添岁,余衰喜入春。
年开第七秩,屈指几多人。

白居易,字乐天,号香山居士,又号醉吟先生,有"诗魔"和"诗王"之称,祖籍太原,生于河南新郑,唐代伟大的现实主义诗人,有《白氏长庆集》传世,代表诗作有《长恨歌》《卖炭翁》《琵琶行》等。

写这首诗时,白居易已经六十多岁了。在辞旧迎新之际,别的老人都伤感于时日不多,但是白居易与众不同,他不惧衰老,欢欢喜喜地迎接新年,这份从容淡定的胸怀和积极乐观迎接新年的豪情让人折服。

元宵

生查子·元夕

[宋]欧阳修

去年元夜时,花市灯如昼。
月上柳梢头,人约黄昏后。
今年元夜时,月与灯依旧。
不见去年人,泪湿春衫袖。

农历正月十五元宵节,又名上元节(上元的意思是一年中第一个月圆之夜)、元夕节、灯节,是春节过后的第一个重大节日,元宵节再次掀起欢乐的浪潮,家家户户都挂起喜庆的花灯一起来庆祝这个欢快之夜。

小朋友们拿着各式各样的花灯和家人一起到街上去走百步,认识的、不认识的人都一起来猜灯谜、看花灯、赏月景……有些地方还增加了舞狮、踩高跷、扭秧歌等表演活动,到处都是一派欢乐的景象,好不热闹。

2008年6月,元宵节更是入选了第二批国家级非物质文化遗产,作为一个重要的民俗节日被永久保存了下来。

源流演变

元宵节有着悠久的历史,在西汉时期就已经受到人们的重视。两千多年之前,汉文帝下令将正月十五定为元宵节。

在先秦时期的神话系统中,太一神是当时的最高神,也有人称其为太阳神。随着秦朝统一了全国,太一神从某一地区的最高神开始向全民信仰转化,其影响力和范围有了明显提高。

到了汉武帝时期，太一神的地位继续提高，从东帝变成了主帝，也被人们认为是万物的起源。

我国古代在"天子"是"皇权神授"这种思想的影响下，到两汉时期，国家祭祀天神的仪式得到了进一步的发展和完善，汉武帝下令正月十五这一天在甘泉宫举办祭祀"太一"的活动。

但这时候的元宵节主要是流传在宫廷中的节日，东汉时期，佛教文化的传入对于元宵节民俗的形成和推广有着重要的推动作用。

汉明帝永平年间，蔡愔从印度带回佛法，据他所说，印度摩揭陀国每到正月十五，所有的僧众就聚到一起瞻仰佛舍利，那时是参佛的良辰吉日。

汉明帝崇尚佛法，为了达到弘扬和宣传佛法的目的，便下令正月十五晚上在宫中和寺庙里燃灯礼佛。加上当时道教文化中的最高神——天皇大帝具有北辰而众星拱之的地位，这和太一神的"北辰之神名"的说法不谋而合，《五经通义》中认为天皇大帝就是太一神。

佛教、道教再加上元宵节本身所处的时间节点，让元宵节从宫廷传到了民间，从中原传到了全国。

元宵节的节期和民俗活动也是在不断发展的。汉朝时元宵节指的就是正月十五这一天。到了国力强盛的唐朝，元宵节变成了正月十四到正月十六三天时间，元宵赏灯的活动也越来越兴盛，无论是都城还是小乡村，处处张灯结彩，人们还会制作巨大的灯树、灯柱等，非常热闹。

宋朝的民俗活动就更加丰富了，元宵节要前后张灯五天，堪称全年最热闹的世俗狂欢节，猜灯谜的活动也是从这时候开始的。甚至还会有些恐怖色彩、刑狱机构会用灯和图像来讲述监狱中的故事或者陈列刑具的样子。这几天，不分男女老少、地位高低，可谓是举国同庆。

明朝时，灯节持续的时间更长，从正月初八一直到正月十七整整十天，是中国历史上最长的灯节，和春节相接，热闹非凡。

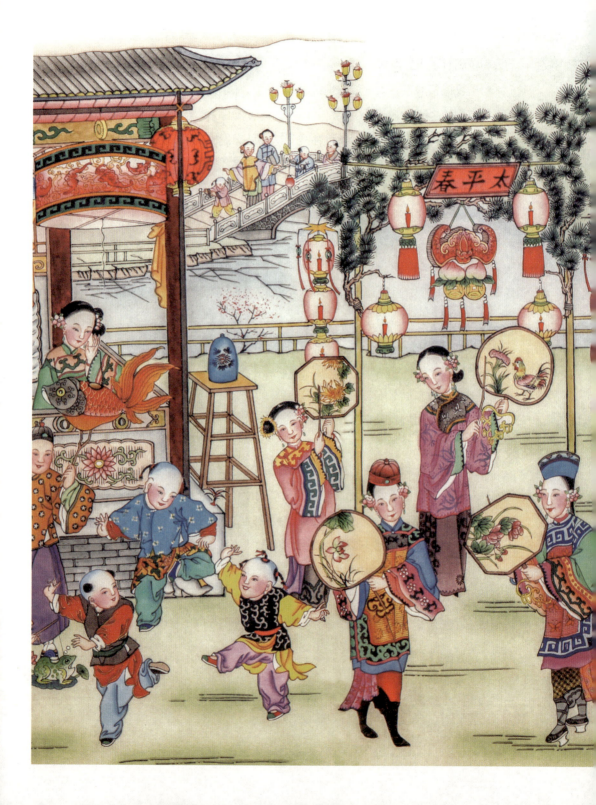

清朝时，宫廷中不再举办灯会，节期也从十天缩短到了三天，但民间的灯会仍然非常壮观，还增加了舞龙舞狮、跑旱船、踩高跷等活动，非常吸引人。

传统习俗

吃元宵（汤圆）

元宵节吃元宵的习俗大约形成于宋代。据记载，唐朝时元宵节吃"面茧""圆不落角"。宋代周必大所写的《元宵煮浮圆子》诗，里面有"星灿乌云里，珠浮浊水中"的诗句。宋代周密《武林旧事》记载："节食所尚，则乳糖圆子……十般糖之类。""乳糖圆子"应该就是汤圆的前身。明清以后"元宵"的称呼就比较多了。

到了现代，元宵逐渐成为北方的称谓，而南方则称之为"汤圆"。南方人对于汤圆的感情，其实是更甚于北方人之于元宵的。

一般认为汤圆和元宵起源相同，制作工艺和地区分布不同。汤圆和元宵制作不同，南方汤圆是逐一手工做成的，馅料是软的，而北方元宵馅料预先制好，晾干并切成小四方块，然后置于机器中滚上江米粉即成。

闹花灯、猜灯谜

元宵节也被称为"灯节"，闹花灯作为元宵节的传统习俗是在西汉时期开始的，隋唐时渐盛。依据《资治通鉴》中柳彧的记载，每到正月十五的晚上，人们便都到大街上尽情狂欢，鼓声震天，火光照得大地如同白昼。人们不吝惜钱财，互相攀比花灯的精巧。所有人不分贵贱、不论男女，一切隔阂都暂时消失了，剩下的只有欢声笑语。

从进入正月开始，人们就在自家挂上了灯笼，直到正月十五达到高潮。后来还有人会将谜语写在纸条上，贴在各式各样的彩灯上让人猜，既启迪智慧，

又迎合节日气氛。越来越多的人开始将闹花灯和猜灯谜两项一起进行，这两者也就一起成为元宵节不可缺少的节目。

舞龙舞狮

龙是中华民族的象征，传说中龙可以行云布雨、消灾解难，自古以来就是吉祥的代表，我们华夏民族又被称为龙的传人。每当到了大型庆典、节日的时候，我们常常都会通过舞龙的方式来祈福，元宵节也不例外。

狮子也被我们的祖先认为是祥瑞之兽，它外形威武、神态多变，民间有很多关于狮子的传说。据说，随着佛教传入中国，异域的狮子形象也从西域传入中原。人们认为舞狮可以带来好运。唐朝时，舞狮就已经盛行于宫廷、军旅、民间。

元宵节在古代是一个非常重要的节日，人们喜欢在这一天聚在一起欢度庆典，表演舞龙舞狮也成为一个传统习惯。

划旱船

划旱船又叫跑旱船,据说是根据渔民在水上打鱼的生活情节创作出来的,它的表演和道具都很简单朴实,有很浓厚的生活气息,是人民群众非常喜欢的一种民间表演艺术形式。

划旱船是一项群体表演形式,一般是由多个旱船组成一支表演队伍,前面有个老翁拿着桨领航,后面的旱船队伍用小碎步跟着领航人缓慢前进。旱船不是真船,多是用两片薄板做成船形,再蒙上彩布,系在姑娘腰间,就像坐在船上一样。表演者手里拿着桨,做划船的动作,一边跑,一边唱些地方小调。一个人划旱船的居多,但是有时还有另一男子扮成坐船的客人一起进行表演,多半是丑角,会以滑稽的动作来将观众逗笑。

关于旱船的起源,有传说是王母娘娘生日时,神仙们一起扎了一条旱船为她祝寿,张果老将这条船借下凡间,用旱船来闹新春,此后人间便风调雨顺、连年丰收,便有了划旱船的风俗习惯。

划旱船的历史悠久,最早的划旱船表演可追溯到汉武帝时期,后来在汉文帝的百岁寿宴上也表演过。唐朝时期,划旱船表演开始广泛流传,不仅在民间表演,还被改造成了宫廷舞蹈。

划旱船表演已流行于我国很多地区,元宵节时很多城市也将划旱船当作必做的民俗项目之一。

走百病

元宵节除了各种庆祝活动,还有一种祈福活动——走百病,这是古代妇女们求福避灾的一种民俗活动,明清时期尤为盛行。

据《帝京岁时纪胜》载:"元夕妇女群游,祈免灾咎。前一人持香辟人,曰走百病。凡有桥处,三五相率以过,谓之度厄,俗传曰走桥。"北京等地在正月十五时,妇女们相约外出行走,其中一个人在前面拿着香走,人们觉得这样可以强健身体,称之为走百病或散百病。这种活动在民间其实是很讲究的,必须是在特定的时间，妇女们聚到一起，走过桥，或者走到郊外。

另外，在走百病时还要"摸钉"，这里说的摸钉指的是到寺庙烧香的时候，用手触摸寺庙大门上的门钉，以此期盼家庭人丁兴旺。

故事传说

药王菩萨吃汤圆

相传，远古时候玉皇大帝为了一统天下，特地派灶神菩萨长驻人间了解民情，每月逢三都要上天回禀。有年夏历冬月二十三日，灶神菩萨向玉帝回禀道："人间百姓一年三百六十五天都吃的是粗茶淡饭，每日辛勤劳动，从不歇息，长此下去，我担心百姓们会因过度疲劳累坏身体，不能生产，必将影响贡献。"

玉帝闻奏立刻让群臣共商良策。太白金星说道："陛下可命衲陀祖师下凡，给百姓们吃些药，叫他们慢慢地发起病来，自然就会休息。"玉帝准奏，便命衲陀祖师下凡照此办理。

夏历腊月初八早上，衲陀祖师就偷偷在百姓们的饭锅里丢下了疯人药，药一下锅就变成大豆、豌豆、蒜苗、豆腐和肉，百姓们吃了，果真慢慢地"疯"了起来：女的缝新衣、绣花鞋，男的杀猪、宰羊，都不想下地干活。

过了腊月二十四日，百姓们药性大发：东家请人吃饭，西家邀客喝酒。到了腊月三十日中午，百姓们都拿出各种好吃的食物，围在桌旁，全家人大吃大喝起来。

从正月初一起，男女老少不光吃好的，而且整日穿红着绿到处玩耍。有的画着花脸，敲锣打鼓四处游街，有的邀约带着礼品，八方去拜年。

到了正月十三日，灶神菩萨上天奏道："不好了，百姓们全疯了！只知道吃和玩，一样活都不干，这样下去，如何得了。"

玉帝闻奏，十分惊讶，立即命群臣再议良策。太白金星又奏："解铃还须系铃人。"玉帝便让衲陀祖师再次下凡治理。

于是到了正月十五日晚上，衲陀祖师就将百姓的夜餐变成了汤圆，里面放些芝麻、核桃、白糖等清醒剂，百姓们吃了，第二天早上疯病全好了，家家照旧男耕女织，恢复了往常的劳动。就这样周而复始地延续下去，就形成了元宵节吃汤圆的习惯。

后来就慢慢演变成元宵节吃汤圆，寓意着"黎民百姓都能在新的一年辛勤劳作，到了年尾便能大丰收"。

东方朔与元宵姑娘

汉武帝年间的一个冬天，一位名叫元宵的宫女因为思念父母险些跳井，结果被东方朔所救。

东方朔对元宵姑娘深感同情，于是他想了一个办法，晚上在长安城发了好多纸条，写着"长安在劫，火焚帝阙，十五天火，焰红宵夜"。百姓看到了纸条来找善卜的东方朔算吉凶。

东方朔告诉大家，只有天子才有办法化解这次火灾。汉武帝接到百姓送来的纸条大惊失色，马上叫东方朔来商议对策。

东方朔告诉汉武帝，火神最爱吃浮圆子，宫女元宵做的浮圆子是最好的，皇上可以让元宵姑娘到百姓家里去传授做浮圆子的技艺，并命令全城百姓在正月十五晚上，每家每户都煮浮圆子敬奉火神，再燃放烟花爆竹造成失火假象，就能瞒过火神了。

结果元宵姑娘就奉命到百姓家中去传授做浮圆子的技艺，也借此机会和家中父母团聚了。百姓为了感谢元宵姑娘传授他们技艺，便将浮圆子改名为元宵。

正月十五吃元宵的习俗就这样流传了下来，元宵节吃元宵，寓意着来年团团圆圆、红红火火。

正月十五放爆竹

相传在远古时期,到处都是凶猛的野兽,它们肆无忌惮地攻击人类和牲畜,于是人们就三五成群地一起对付它们。

有一次,天帝身边的神鸟鲲鹏迷路了,它误闯到人间。百姓们从没见过这种大鸟,以为它是来伤害自己的,于是就合力将它打死了。

天帝知道了这件事,下令让天兵天将在正月十五那天到人间放火,把人类都烧死。天帝的女儿心很软,她不忍心看着百姓们受苦,就背着天帝来到了人间,将这个消息告诉了人们。

百姓们知道后不知如何是好,所有人都开始惊慌失措。有一个智慧老人想了很久,他对大家说,在正月十四、十五、十六三天里,如果我们所有人都在家里张灯结彩、燃放烟花爆竹,天帝从天上一看就会误以为人间失火了,我们都已经被烧死了,也就不会再派天兵天将来放一遍火了。

大家听了觉得老人说得很有道理,就各自回家做准备去了。

到了正月十五这天,天帝往下一看,发现人间已经成了火海,心里的那口气终于消了下去。人们就这样得以躲过了一劫。

自那之后,人们为了纪念这一天,每当到了正月十五,大家都在家里挂上灯笼、燃放烟花爆竹来庆祝。

历史典故

"平吕"纪念日

相传汉高祖刘邦死后,吕后的儿子刘盈登基成为汉惠帝,那一年他十六岁。

刘盈生性软弱,做事优柔寡断,非将帅之才,于是吕后就将大权把握在自己手中,惠帝成了有名无实的傀儡。后来,惠帝去世,吕后便更加肆无忌惮地独揽朝政大权,将刘氏天下变成了吕氏天下。

朝中大臣对此自然颇有微词，但是敢怒不敢言，尤其是刘氏宗室，更是愤慨。

吕后生前残暴，有她在，吕氏一族就能享尽富贵。吕后一死，她的亲信吕产、吕禄等人没了靠山，自然每天都惶惶不安，害怕遭到刘氏家族的排挤。于是他们在上将军吕禄家中秘密集会，共谋造反之事，要彻底将天下夺过来。

这事被齐王刘襄知道了，刘襄为了保住刘氏江山，决定先下手为强，起兵讨伐吕氏一族。他与开国功臣周勃、陈平取得了联系，设计平定了"诸吕之乱"，稳固了刘氏江山。

而后，众位老臣一起拥立刘邦的第二个儿子刘恒登基，称汉文帝。文帝深切感受到江山来之不易，百姓的太平盛世同样不易，于是就将平定"诸吕之乱"的正月十五定为与民同乐的节日。

诗词文化

永遇乐·落日熔金

[宋] 李清照

落日熔金，暮云合璧，人在何处。染柳烟浓，吹梅笛怨，春意知几许。元宵佳节，融和天气，次第岂无风雨。来相召、香车宝马，谢他酒朋诗侣。

中州盛日，闺门多暇，记得偏重三五。铺翠冠儿，捻金雪柳，簇带争济楚。如今憔悴，风鬟霜鬓，怕见夜间出去。不如向、帘儿底下，听人笑语。

李清照，号易安居士，宋代女词人。绍兴二十年（公元1150年）前后，年迈的李清照在临安城看到了家家户户欢度元宵佳节的场景，故国已逝、斯人亦去，满心悲凉的李清照再不像小时候那样盼着过节，更没有梳洗打扮的心情，有的只是触景生情和"凄凄惨惨戚戚"的心境。

虽然作者在借景抒情，但它还是从一个侧面向我们描绘了北宋汴京和南宋临安两个城市过元宵节的盛大场面，也说明了无论朝代怎样变化，人们在元宵节表达新的一年美好希冀和愿景的心情是不会改变的。

上元十三夜
［明］刘英

近喜元宵雪更晴，千门翠竹结高棚。
珠帘半卷将团月，玉指初调未合笙。
新放华灯连九陌，旧传金钥启重城。
少年结伴嬉游去，遮莫鸡声下五更。

刘英，临海人，明代台州地区最杰出的女诗人，著有诗集《绣佛斋草》。

这首诗描写的是元宵节夜晚的热闹情景，反映了当时人们对元宵节的重视和过节的盛况。连日来的雪停了，大家都去放灯、游玩，直到五更天也不想停下来。

正月十五夜灯
［唐］张祜

千门开锁万灯明，正月中旬动帝京。
三百内人连袖舞，一时天上著词声。

张祜，字承吉，邢台清河人，唐代著名诗人。张祜出生在清河张氏望族，家世显赫，被人称作"张公子"，有"海内名士"之誉。

这首诗写的是正月十五晚上，大家出门赏灯、游玩归来的场景。皇宫里灯火通明、歌舞升平，整首诗有俯瞰全景的镜头，有特写近景。场面宏大，气势恢宏。也有一种说法："帝京"指的是"天庭"，大家的笑闹声和歌舞声直冲云霄，传到了天上。

龍抬頭

二月二日

[唐] 李商隐

二月二日江上行,东风日暖闻吹笙。
花须柳眼各无赖,紫蝶黄蜂俱有情。
万里忆归元亮井,三年从事亚夫营。
新滩莫悟游人意,更作风檐夜雨声。

正月过去后,紧接着迎来的就是二月初二龙抬头的日子,民间传说这天是土地神的生日,称为"土地诞"。

二月初二,寒冷的冬天即将过去,大地回春,农民们即将开始一年的耕种了,因此要先举行个仪式,以祈求风调雨顺,有个好收成。

时至今日,我们还在庆祝这个节日。因为农历二月初二在"惊蛰"节气前后,蛇、蚯蚓等很多动物到了冬天就进入了冬眠状态,称为"入蛰",天气渐渐回温后,一些动物就像是被春天的阳光和春雷突然从睡梦中惊醒了一般,这就被称为"惊蛰"。人们希望龙出来镇住一切有害的虫子,好让大家有个丰收年,所以就有了"二月二,龙抬头"的说法。

源流演变

关于龙抬头的起源,来自于古老的天文学。早在春秋时期之前,古人就把太阳在恒星之间的运动轨迹视为一个圆,称为"黄道"。再将这个圆分成28等分,形成28个区间,称为二十八宿(xiù)。那时候的月亮基本上是每天入住一宿，等它住完二十八宿，大约就是一个月的时间。如果按照东西南北四个方向将二十八宿进行划分，每个方向就有七个宿，起名叫做：角、亢、氐、房、心、尾、箕，被称为东方苍龙。其中角宿象征龙的头角，亢宿象征龙的颈，氐宿象征龙的胸，房宿象征龙的腹，心宿象征龙的心，尾宿、箕宿象征龙的尾巴。在冬季，这苍龙七宿都隐没在地平线下，黄昏以后也看不见它们。二月初，黄昏来临时，角宿就在东方地平线上出现了。这时候，苍龙的整个身体还藏在地平线以下，只是角宿稍微露出来一点，所以称为"龙抬头"。

从古至今，我们一直都对龙有着天生的崇拜和信仰，在神话故事中，我们认为龙是掌管雨水的动物神。《左传》中也记载着"龙现而雩"，说的就是惊蛰之后龙就要出现了，人们这时可以开始求雨了。战国时期的《山海经》中也说龙住在南方，所以南方多雨。有文字记载的最早借助龙的形象来求雨的是西汉时期董仲舒的《春秋繁露》，上面写着人们进行舞龙求雨的活动。

到了唐朝，人们早就把二月二作为一个特殊的日子来对待了，现在人们在这天进行的所有民俗活动，唐朝基本都已经完备了，那时的人们说这是"迎富贵"的日子，在这天要吃"迎富贵果子"，还要进行挑菜、踏青、迎富等活动。白居易的《二月二日》诗中就提到了踏青的习俗，刘禹锡的《淮阴行》和郑谷的《蜀中新雨》则写到了挑菜、抬菜的活动。

到了宋朝，周密在《武林旧事》中说道，在二月初二这天，宫廷中会进行"挑菜"活动，在一些口小底大的容器中种植新鲜蔬菜，将它们的名字写在丝帛上，压在底下，让大家猜，猜中有奖。这种活动有趣味性，又很新鲜，所以当时很多的王宫贵胄都会效仿。只是这些民俗并没有和龙抬头联系起来。

真正将二月初二和龙抬头挂钩是在元代，相关习俗有微灰引龙、扶龙、熏虫避蝎、剃龙头、忌针刺龙眼等。二月初二一早，人们就外出打水，称为

"引青龙",然后通过拍打、清扫、撒石灰的手段除虫。老北京还有"照房梁"的习惯,就是把过年剩下的蜡烛点燃,照射房间里的各个地方,用以驱逐蝎子、蜈蚣等害虫。

传统习俗

剃龙头

我国古代人认为"身体发肤,受之父母",不能随意损伤,所以无论男女都不剪头发,剃头几乎就等于砍头一样。

清朝时,满族人入关后,他们强迫汉人剃头留辫子。因为满族人原本是狩猎民族,为了方便,他们从额角两边引一条直线,前边的头发全部剃掉,只留下后半部分编成辫子。汉人誓死抗争,坚决不剃头。虽然死了很多人,但最终还是没能成功阻挡。有人为怀念明朝,就在正月里不剪发以表示"思旧",缅怀祖先和传统。因为不能公开和清政府抗争,于是就利用谐音,传出了"正月剪头死舅舅"的说法,一直流传至今。

直到现在,很多家庭还保留这种"正月不剃头"的习俗。正月一整月不剪头发,等到二月初二,留了一个月的头发终于可以剪掉了,民间有谚语称:"二月二,龙抬头。孩子大人都剃头,讨个好彩头。"人们认为在这一天剃头,会使人鸿运当头、福星高照,所谓"二月二剃龙头,一年都有精神头"。

引龙

《帝京岁时纪胜》中载:"二日为龙抬头日。乡民用灰自门外蜿蜒布入宅厨,旋绕水缸,呼为引龙过。"小孩对这种事情最有兴趣,一般是从井旁或者河边开始,将灰或谷糠轻轻地、均匀地撒在地上,让其蜿蜒成龙形,一直到家里。人们认为这种做法可以防病虫害。《帝京景物略》也有"引龙"的记载:"二月二日曰龙抬头，煎元旦祭余饼，熏床炕，曰'熏虫儿'，谓引龙，虫不出也。"

也有的地区是在早上到河边或井边打水，水桶里放着铜钱，打了水之后边走边洒，到家后把剩下的水倒进水缸里，这叫做"引龙钱"。引龙钱的时候不准说话，以免吓走钱龙。

接"姑娘"

民间有些家族礼数很多，女儿正月初二到娘家拜年之后必须当天赶回婆家，正月是不能住在娘家的。二月初二的时候，娘家人来到婆家接女儿回去住几天，正月里女儿也忙了很长时间了，接她到娘家好好歇一歇，也是为新的一年的忙碌做准备。所以有"二月二，带姑娘"的说法。

一般在被接回来的时候，姑娘除了吃喝，就是串门聊天。现在大多数是姑娘和女婿一起回来吃顿丰盛的饭。这种习俗在北方大多数地区还很流行，延续至今。

祭土地神

二月初二，传说这天是土地神（也称社神）的生日，称为"土地诞"，民间认为在这一天通过祭社可保一方平安、五谷丰登。

先民自古尊天亲地，既要拜天也要拜地，但"土地广博不可遍敬"，于是便"封土为社而祀之"，把土地按照一定的标准分成"社"，社神就是管理这片区域的神仙，俗名土地爷、土地公公。祭祀社神的礼仪，早在殷商时期就已确立了。

故事传说

二月二，炒苞谷

传说玉皇大帝在天宫里每天都很忙，他要管的事非常多，既有天上的闲事，也有人间的杂事，还有阴间的鬼事。他也像人间的皇帝一样，每天都要上朝。

有一天，玉皇大帝竟然发现人间有一个女人当了皇帝，而且她的名字竟然还叫做"武则天"，这名字明显就是对天上的玉皇大帝不敬。如果女神仙们也学了武则天的做法，岂不是要篡夺玉皇大帝的宝座？于是玉皇大帝大发雷霆，让太白金星传令给四海龙王，三年内不得向人间降雨，作为对武则天的惩罚。

玉皇大帝的做法明显有失公允，如果武则天惹了他，惩罚武则天一个人就够了，为什么要惩罚劳苦大众呢？

不管怎样，命令是下达了，这可苦了老百姓了。庄稼全都枯死了，河塘也干了，人们眼看着没有了活路，每天以泪洗面，哭哑了嗓子，可玉皇大帝还是无动于衷。

众位雨神都动了恻隐之心，聚在一起商量来商量去，可是没有一个人敢违抗玉皇大帝的命令，只能在一起干瞪眼。

一天，天上突然飘过来一朵云彩，下了一场倾盆大雨。百姓们久旱逢甘露，大家知道自己得救了，都在地上跪拜。他们不知道，这是掌管天河的玉龙下的雨，而只是不停地上香磕头，感谢风神雨神和玉皇大帝。

其实这条玉龙之前也曾因解救百姓疾苦而私自下过雨，结果被玉皇大帝贬到了凡间，后来他受到观世音菩萨的点化，变成一匹白马，随唐僧去西天取经，一路上受尽了苦难，终于取得了真经。玉皇大帝念他将功补过，就又将他召回了天上，官复原职。

这次玉龙听到人们哭得这么惨，心里很是同情，于是再一次不顾一切地降下甘霖。

玉皇大帝得知此事，大怒，让天兵天将把他捉拿归案，又命太白金星用拂尘变成一座山峰压住玉龙，在上面刻着：玉龙降雨犯天规，当受人间千秋罪。要想重登灵霄殿，除非金豆开花时。

人们看到了碑文才知道事情的原委，于是在镇压玉龙的山峰前日夜供奉，还到处去找开花的金豆。

第二年二月初二，一个老婆婆背着苞谷去赶集，不小心将口袋中金黄的苞

谷籽撒了出来。大家一看，这苞谷籽就像金豆一样啊，炒一炒就能开花啦。于是那天，各家各户都炒了很多苞谷花。

太白金星年纪大，眼睛花，以为苞谷花真的是金豆开花，便收了拂尘。玉龙终于又恢复了自由，他出来的第一件事又是对着干旱的大地喷起雨来。

玉皇大帝很快就知道了太白金星眼花，将玉龙放了出来的事情，他气得鼻子都冒烟了。太白金星小心翼翼地对玉皇大帝说："玉帝，您看，咱们的香火全靠地上的人在供奉，要是把他们都饿死了，咱们也没有好处啊。"

玉皇大帝想了想，觉得太白金星说得也有道理，于是也就默认了找个台阶下，召回玉龙，让他继续管理天河。

玉龙虽然回到了天庭，但人间已经形成了二月初二早上起来炒苞谷花的习惯，边炒边唱："二月二，龙抬头。大仓满，小仓流。"

狗肉社

在广西玉林市博白县有这样一个传说：有一名书生上京赶考，坐船北上到了一处江湾时，船像风车似的转，船夫怎么也无法将船撑出这片水域。

书生觉得很奇怪，就站在船头，双手合十，念道："各位神仙菩萨，小生如有冒犯之处，请多多原谅，他日衣锦还乡，小生定回来重奉大祭。"话音刚落，船果然就轻松驶出了江湾。

几个月后，考生高中状元，回来时已经将当初的诺言忘了，船到了江湾时又突然被什么东西给顶住了，动弹不得，船夫跳下水，捞起了一块晶莹剔透的石头，考生这才又想起自己的诺言。

他上岸后请来轿夫将石头抬走，走到三滩九玉村的时候，石头从轿子上滚了下去，任谁也抬不起来了，书生许诺，神灵若是不愿跟他一起走，就在这当个土地神，他将买下十亩田地，专为供奉神灵。

可是此地自从有了土地神，却连年大旱，乡民们一气之下，用狗血泼土地神，想把他赶出去。可是他却托梦给乡民，说狗血滋补了他的身体，他要报答

大家。此后数年果然无灾无害，年年丰收。时至今日，博白三滩附近还留存着这个"狗肉社"。

历史典故

皇帝耕田

上古时期的三皇之首伏羲氏重农桑，务耕田，每年二月初二这天都要御驾亲耕，其妻子也会在旁边送饭，支持伏羲氏的做法。

后来黄帝、唐尧、虞舜、夏禹都纷纷效仿先皇的做法，一直到周武王，不仅沿袭了这种做法，而且还将这种传统作为一项重要的国策来实行。在二月初二这天，要举行重大仪式，而且文武百官都要亲自耕种一亩三分地。

民间有句谚语："惊蛰一犁土，春分地气通。"这时候就到了即将开始春耕大忙的时候了。二月初二这天，皇帝会象征性地带领文武百官到他的"一亩三分地"上去松松土。这一方面出于继承传统文化，另一方面也是动员人们赶快投入春耕工作，别误了农时。

明朝和清朝前期的皇帝每到二月初二时，都要到先农坛里面的耕地去松土。从雍正皇帝开始，每年的二月初二改为出圆明园，到"一亩园"（今海淀圆明园西侧）去耕田。

诗词文化

二月二日出郊

[宋]王庭珪

日头欲出未出时，雾失江城雨脚微。

天忽作晴山卷幔，云犹含态石披衣。

烟村南北黄鹂语，麦陇高低紫燕飞。

谁似田家知此乐，呼儿吹笛跨牛归？

　　王庭珪，字民瞻，江西吉州人，两宋之交重要诗人，宋徽宗朝进士，中年弃官归隐。王庭珪在诗词创作上的成就要远远高于政治方面，这首《二月二日出郊》就是他描写初春时节出游的代表作。

　　王庭珪在二月初二这天踏春，看到郊外美景，于是写成此诗，为我们展开了一幅宋朝二月初二的节日画卷：这天太阳快要升起来的时候，大雾遮住了江城，忽然下起了小雨；可是不一会儿，雨就停了，阳光洒下来，就像幔帐被卷了起来，之前被大雾遮住的群山也露了出来，云彩给山上的石头披上了一层白色的衣服；村子里到处都是黄鹂在鸣叫，田垄间有紫燕在穿行；谁能比农家人更好地体会这个中乐趣？他们正招呼吹着笛子的儿童把牛骑回来呢。此诗风格轻快、活泼，描写的细节灵动形象，让读者不禁产生对自然风光和农家生活的喜爱之情。

二月二日

［唐］白居易

二月二日新雨晴，草芽菜甲一时生。

轻衫细马春年少，十字津头一字行。

　　白居易，字乐天，号香山居士，又号醉吟先生，祖籍山西太原，唐代伟大的现实主义诗人，官至翰林学士、左赞善大夫。

　　本诗是白居易描写龙抬头节日的景象。二月初二新雨初晴，小草和田畦里的菜都发出了嫩芽，一派春意盎然的景象，堤岸边，一群身着轻衫牵着细马的少年正徐徐走着。

　　作者写出了龙抬头当天人们过节的场景。清新的雨后空气，微微出现绿意的大地，让人们倍感舒适。

花　朝

[明] 汤显祖

百花风雨泪难销，偶逐晴光扑蝶遥。
一半春随残夜醉，却言明日是花朝。

花朝,就是花的早晨,也就是花朵刚刚盛开的日子。花朝节向来是我国著名的传统节日,相传这天是花神的生日,俗称"花神节""百花生日""花神生日""挑菜节"。在东北、华北、华东、中南等地区很流行,节期一般在农历二月初二、二月十二或是二月十五。节日期间,人们会相伴到郊外去游览和赏花,女孩们也会提前用彩纸剪好花朵的形状粘在花枝上,称为"赏红"。

源流演变

我国是花的国度,花朝节也是由来已久,最早在春秋时代的《陶朱公书》中就有记载。宋代吴自牧所撰的《梦粱录》一书记载:"仲春十五日为花朝节,浙间风俗,以为春序正中,百花争放之时,最堪游赏……"春序正中就是农历二月十五。据《广群芳谱·天时谱二》引《诚斋诗话》:"东京(今开封)二月十二曰花朝,为扑蝶会。"又引《翰墨记》:"洛阳风俗以二月二日为花朝节,士庶游玩,又为挑菜节。"可见唐朝时,过花朝节的习俗就已经在开封和洛阳等地流行开了。

也有人认为花朝节的由来与佛教有密切关系。明朝田汝成《熙朝乐事》记载："二月十五日为花朝节，盖花朝月夕，世俗恒言二八两月为春秋之中，故以二月半为花朝，八月半为月夕也。是日宋时有扑蝶之戏，今虽不举，而寺院启涅槃会，谈《孔雀经》，拈香者麇至，犹其遗俗也。"可见花朝节与佛教的祭祀礼仪有关，赴会进香、祭神拜佛是节日期间的重要活动。

各地的花朝节日期稍有不同，大概在惊蛰到春分之间，二月十二、二月十五或二月十八，这可能是与各地的花期早晚有关。到清代，一般北方以二月十五为花朝，而南方则以二月十二为百花生日。

传统习俗

踏青赏花

每当到了花朝节时，文人雅士便相伴郊游，尤其是在唐宋时期，那时的雅集文化尤为盛行，与志趣相同的朋友在花下设置座席烹茶吟对，传花令、抽花签、斗草、写诗、赏花、喝酒、看歌舞等，欢声笑语，醉倒花下，无尽风雅。

宋代之前，一般只有士大夫和知识分子才会过花朝节，民间并不普遍。从北宋开始，花朝节开始普及到各个阶层，而且其中也加入一些新的内容，像种花、采野菜、祭神、捕蝶等。

吃百花糕

有的地方还有在花朝节吃百花糕的习惯，传说有一年花朝节，武则天带宫女游园赏花，她看到那些初开的花朵，突发奇想，让宫女把花朵都采集起来，回宫后和米一起捣碎，制作成香糯可口的糕点，就叫做百花糕。

之后每年花朝节的时候，武则天都让宫女制作百花糕，并将其作为礼物赐给大臣们。

百花糕的材料简单,并非宫廷才可以做。慢慢地,百花糕的做法也传到了民间,每到花朝节的时候,百姓们也会做些百花糕来品尝。

祭花神

清朝蔡云有诗云:"百花生日是良辰,未到花朝一半春。红紫万千披锦绣,尚劳点缀贺花神。"自古以来,我们就有在花朝节祭祀花神的活动。

各地区自发地为花神设置神位,通过祭祀活动,祈求新的一年花开百里、风调雨顺。

各个民族祭花神活动的具体细节稍有不同,像贵州的彝族儿女就会在花朝节这天身着盛装聚在百里杜鹃林,他们的仪式分为四个部分:请花神、唱花神、跳花神、送花神。整个祭祀过程以叙事性的表演,讲述了彝族人从原始文明到现代文明的演变,充分展现彝族文明的辉煌历史。

祝神庙会

花朝节是个风雅的节日,众多花农花贩和农民都会到花神庙前,杀牲口供奉水果以庆祝花神诞辰。之后还会有表演等文娱活动,吸引游客前来观看,整个场景热闹非凡。

长江三角洲地区有很多花神庙,以前种花的农家还在家里供奉着花神的塑像。

武汉新洲区旧街的花朝节是鄂东一带最大的民间赶集大会,被列为湖北武汉的非物质文化遗产。每年农历二月十三到十七,人们聚在庆福寺举行活动。宋朝乾道至淳熙年间始建的庆福寺虽经历了损坏和重建，但自建寺以来，每年二月十五举办花朝庙会的习俗一直延续至今。花朝节现在已经从单纯的民间祭祀，演变成了民间物资交流盛会和大家热爱的民俗文化节日。

故事传说

十二花神

花神女夷要看管人间所有的花草树木，让它们都能生机盎然，实在是太忙了，于是她选定了十二花神来协助她。

1 正月梅花

正月的当令花是梅花，它的花神是宋武帝的小女儿寿阳公主。

有一年正月初七，寿阳公主去宫里的梅花林赏梅，突然感到有些困，就在檐廊下睡着了。这时正好有朵梅花飘落在她额头上，留下了五瓣淡淡的梅花痕迹。宫里其他人见到了，都觉得这个小点缀让公主更加美了，于是纷纷效仿。

这种妆后来就被称为"梅花妆"，这件事传开了，大家都说寿阳公主是梅花精灵，从那之后，她就成了梅花的花神。

2 二月杏花

杏花的花神是杨贵妃。

杨贵妃虽集三千宠爱于一身，但在安史之乱时，马嵬坡兵变，唐玄宗不得不应军士的请求杀了杨贵妃。人们把杨贵妃的尸体挂在佛堂前的杏树上。叛乱平息之后，玄宗派人将杨贵妃的尸体取回来，可是人们到那的时候，发现只有杏花在迎风飞舞，贵妃却不知去向。

相传唐玄宗曾命道士寻找杨贵妃的魂魄，道士说贵妃已经在仙山上当了杏花的花神了。

3 三月桃花

桃花姿态优美,色彩艳丽,它的花神是春秋时期楚国息侯的夫人。

息侯在一场政变中被楚文王所灭。楚文王贪图息夫人的美色,想要强行将息夫人占为己有。息夫人趁机偷跑出宫去找息侯,这才知道息侯已经自杀了,息夫人也随之殉情。

当时正是桃花盛开的季节,楚人敬佩息夫人的坚贞,就尊她为桃花神。

4 四月牡丹

关于牡丹的花神传说很多,其中以李白的最有名。

有一回,唐玄宗和杨贵妃在沉香亭赏牡丹,叫李白进宫写了三章《清平乐》,尽显牡丹风姿。

云想衣裳花想容,春风拂槛露华浓。若非群玉山头见,会向瑶台月下逢。

一枝红艳露凝香,云雨巫山枉断肠。借问汉宫谁得似,可怜飞燕倚新妆。

名花倾国两相欢,常得君王带笑看。解释春风无限恨,沉香亭北倚阑干。

因为描写生动,后人就将李白认为是牡丹花神。

5 五月石榴花

五月的石榴花有着火一样的光辉,很多女子都喜欢在这个时节采摘石榴花戴在头上。

五月是春夏之交,换季的时候很容易生病,所以民间传说中的"鬼王"钟馗就成了人们信仰的对象。

生前性格就非常正直的钟馗,死后仍然疾恶如仇,誓要铲除天下所有妖魔鬼怪。所以大家就把能驱鬼除恶的钟馗视为石榴花的花神。

6 六月荷花

荷花也就是出淤泥而不染的莲花,自古荷花就受到人们的

喜爱，相传荷花的花神是美女西施。

西施在被范蠡发现之前是卖柴人家的女儿，夏天荷花盛开的季节，西施常常到镜湖去浣纱。因为太过美丽，后被范蠡发现，用她来施行美人计，灭了吴王夫差。

功成身退后的西施和范蠡泛舟湖上，成了一对神仙眷侣，也变成了人们心里的荷花花神。

7 七月玉簪花

玉簪花的花神是李夫人。

汉武帝时期的宫廷乐师李延年很得武帝欢心，一天，他给武帝献上了一首"北方有佳人"的歌。武帝问道："世间哪有你说的那种佳人呢？"

平阳公主听出了李延年歌中的意思，回答道："延年的小妹，就是一位倾国倾城的绝世佳人。"武帝立刻召李氏入宫，一看果然样貌过人，随即纳其为妃。

从那之后，李氏号为李夫人，后宫恩宠集一身。她常插一朵玉簪花在鬓角，于是大家都说李夫人是玉簪花的花神。

8 八月桂花

桂花花神是唐太宗的妃子徐惠。

徐惠是湖州人，从小就聪慧过人，出生五个月就能说话，四岁能读书，八岁能写诗。后来因为她的聪慧，唐太宗将她封为才人。唐太宗死后，徐惠悲痛欲绝，以身殉情，年仅二十四岁。后人将这位才情不凡的女子称为桂花花神。

9 九月菊花

陶渊明是当之无愧的菊花花神，他的千古名句"采菊东篱下，悠然见南山"也道出了他对菊花的无尽喜爱。

10 十月芙蓉花

明代徐复祚的《红梨记》中描写了汴京名妓谢素秋和山东才子赵汝州曲折又感人的爱情故事。

经过了数次磨难,赵汝州最后终于高中状元,并且与谢素秋终成眷属。后人感动于谢素秋对爱情的真诚和执着,便认为她是芙蓉花花神。

11 十一月山茶花

山茶花的花神是白居易。

山茶花开在寒风细雨中的十一月,它不畏严寒,努力盛放,有大红色、紫白色、纯白色等,这和白居易不畏强权的性格有着异曲同工之妙,因此他就是人们眼中的山茶花花神。

12 十二月水仙花

相传水仙花的花神是娥皇、女英。

娥皇和女英是尧帝的女儿,两人都嫁给了舜。三个人的感情非常好。后来舜在一次南巡的途中驾崩,娥皇和女英悲痛万分,双双跳进了湘江殉情。传说上天也被二人感动了,就将两人的魂魄化作江边的水仙。两人也就此成为水仙花花神。

历史典故

陌上花开

唐末五代十国中有一国叫做吴越,吴越王钱镠虽然没有称皇帝,但也是一方诸侯。钱镠拥兵十万,东征西讨,堪称一时枭雄。但这样一个武夫,也有着细腻的一面。

钱镠的原配夫人姓戴,戴王妃原来本是吴越地区一个农家姑娘,嫁给钱镠

之后，跟随钱镠东征西讨，钱镠从一个私盐贩子一步步成为一方诸侯，戴姑娘一直在背后默默地支持他。后来，戴姑娘成了吴越国的王妃，王妃的家乡也跟着沾了光，受到钱镠的照顾。

每年春天，戴王妃都要离开王都，到家乡去省亲。这一走就是月余，钱镠有时会因为思念夫人，派人送去信物，以表示相思之情。

这一年，戴王妃再次回乡省亲，到了花朝节这一天，钱镠走出宫门，看到西湖两岸翠堤绿柳，鲜花一朵朵开放，想念起多日不见的王妃来。于是，他提笔写了一封书信，命人送去给戴王妃，信里有一句写到：陌上花开，可缓缓归矣。就这九个字，让钱镠对妻子的思念跃然纸上。

诗词文化

摘红英·赋花朝月晴
［宋］刘辰翁

花朝月。朦胧别。朦胧也胜橹声咽。亲曾说。令人悦。落花情绪，上坟时节。

花阴雪。花阴灭。柳风一似秋千掣。晴未决。晴还缺。一番寒食，满村啼鴂。

刘辰翁，字会孟，别号须溪。庐陵灌溪（今江西省吉安市）人，南宋末年著名的爱国词人。

这是描写花朝节和寒食节的。花朝节那天晚上，天晴了起来，被云彩遮蔽了几天的月亮也露了出来。但作者当时的心情并不晴朗，像是见了落花或是去扫墓一样。

满井游记

[明] 袁宏道

　　燕地寒，花朝节后，余寒犹厉。冻风时作，作则飞沙走砾。局促一室之内，欲出不得。每冒风驰行，未百步辄返。

　　廿二日天稍和，偕数友出东直，至满井。高柳夹堤，土膏微润，一望空阔，若脱笼之鹄。于时冰皮始解，波色乍明，鳞浪层层，清澈见底，晶晶然如镜之新开而冷光之乍出于匣也。山峦为晴雪所洗，娟然如拭，鲜妍明媚，如倩女之靧面而髻鬟之始掠也。柳条将舒未舒，柔梢披风，麦田浅鬣寸许。

　　袁宏道，字中郎，湖北黄安人，万历年间进士，明中期大文豪。万历二十六年（公元1598年），袁宏道进京出任顺天府教授，到北京任职的第二年，花朝节前后，袁宏道和几个朋友一起游览郊区的满井，他被眼前的景色深深地吸引住了，于是写下了这篇文章，前文所列为《满井游记》的部分内容。

　　花朝节前后的北京城还很冷，有时冷风刮得人都出不了门。又过了几天气温才有所回升，袁宏道和几个朋友出了东直门，到了满井。

　　目光所及，高大的柳树站在河堤旁边，土地上的冰已经开始化了，看着眼前的广阔天地，感觉自己好像是逃出笼子的天鹅一样。河面刚刚融化，河水清澈见底。山峦也像是刚被积雪洗过的样子，像少女洗了脸刚梳好头发。柳条即将舒展，麦苗已经破土而出。

引驾行

[宋] 柳永

　　红尘紫陌，斜阳暮草长安道，是离人。断魂处，迢迢匹马西征。新晴。韶光明媚，轻烟淡薄和气暖，望花村。路隐映，摇鞭时过长亭。愁生。伤凤城仙子，别来千里重行行。又记得、临歧泪眼，湿莲脸盈盈。

　　消凝。花朝月夕，最苦冷落银屏。想媚容、耿耿无眠，屈指已算回程。相萦。空万般思忆，争如归去睹倾城。向绣帏、深处并枕，说如此牵情。

柳永,原名三变,字景庄,后改名柳永,字耆卿,因排行第七,又称柳七,福建崇安(今福建武夷山市)人,北宋著名词人,婉约派代表人物。

一日,柳永看到去往京城的路上尘土飞扬,长安古道上满是行人。阳光明媚的天气里,抬头看到小乡村和树木掩映下的道路,再一挥鞭就已经过了长亭了。想到这些,柳永不禁在心中泛起思念之情,远在京城的爱人已经相隔千里,回想起送别之时,两个人握着手对望,她落泪的样子多么引人怜惜啊,这些画面真叫人刻骨铭心。她会在俩人分别后过着怎样的日子呢?到了花朝节和中秋节的时候,她看着别人出双入对地去赏花,心中一定不是滋味,可能会孤枕难眠,每天都计算着我的归期吧。我多希望自己能够早点回去,向她诉说我的思念和牵挂。

这首词虽然是睹物思人,讲述自己的思念之苦,但是我们从下阕可以看出作者所处的年代对于花朝节的重视,当时的花朝节和中秋节是齐名的,而且人们会在花朝那天结伴出游,既是庆祝节日,也是舒展筋骨,和朋友们交流感情。

上 巳

［宋］杨万里

正是春光最盛时，桃花枝映李花枝。
秋千日暮人归尽，只有春风弄彩旗。

每年的三月初三是上巳节，这天是中国民间的传统节日。古代的人们会在这天去水边"畔浴"：人们用芬芳植物、草药、颜料等混合制成的类似今天沐浴液一样的东西涂在身上，然后再用河水洗净。人们结伴去水边沐浴渐渐演变成习俗后被称为"被（fú）禊（xì）"。后来上巳节的活动中又加入了祭祀宴饮和曲水流觞等内容。

宋朝之后，上巳节逐渐开始没落，但在一些少数民族中仍有流传，比如云南大理每年三月三举办的泼水节，里面就有古代上巳节的影子。

源流演变

上巳节是我国的传统节日，但是它和花朝节一样，正在逐渐被人们淡忘，实际上，上巳节的起源非常早，文化底蕴也很浓厚。

上巳节的来历可以追溯到上古时期，传说伏羲氏和妹妹女娲抟土造人、繁衍后代，豫东地区尊称伏羲为"人祖爷"。伏羲在宛丘（今河南省淮阳县）建都，并长眠于此。春秋时，宛丘已建有纪念伏羲的太昊陵庙。农历二月二到三月三为太昊陵庙会，每到这时，人们都从天南海北赶过来，朝拜人祖。伏羲创造了占卜八卦，创造文字结束了"结绳记事"，又教人们捕鸟打猎，还发明了瑟，创造了音乐，他还是中医药鼻祖。后人为了纪念伏羲，每年上巳节的时候便都聚在一起举办活动。

先秦时期，人们会在上巳节时通过沐浴洗濯达到祈求祛病消灾的目的。在周朝时，在规定的时间里进行沐浴之礼已经变成了一种制度，并且有专门的女巫掌管此事。

上巳节的文献记载最早出现在汉初，郑玄在《周礼》注中说："岁时祓除，如今三月上巳如水上之类。"这时，三月上巳的风俗在宫廷和民间都很流行。

魏晋之前，上巳节的日期不是固定的，只是大约在三月，魏晋后，上巳节被固定在三月初三这天。汉朝以及之前，上巳节的固定仪式是要进行祭祀活动，而在汉朝之后，上巳节已经演变成了宴会游玩的节日。上巳节这天，文武百官会集体休假，皇帝常会用这个日子来宴请新科进士。人们到野外郊游踏青，放风筝、看风景、以歌抒怀等。

直到唐朝，这种风气还一直流传着，上巳节这一天，一贯戒备森严的宫廷甚至也会敞开大门，让嫔妃和宫女到郊外欢度节日。

唐代诗人杜甫的《丽人行》这样描写节日的盛况："三月三日天气新，长安水边多丽人。"虽然举国欢庆，但是唐朝时的上巳节已经和之前有了很大区别，基本成了一个踏青郊游的日子。

宋朝之后，上巳节的风俗渐渐衰落，但一些习俗仍在流传。明初时，朱元璋为了彰显自己与民同乐，三月三会和大臣们一起出宫春游。

后来，因为上巳节、寒食节和清明节的日期都很接近，而且之前在上巳节"祓禊"的习俗已经被春游所取代，而春游也是清明节的主要活动内容，所以这三个节日逐渐合并到了一起。

传统习俗

祓禊

上巳节最大的特点是离不开水,它最初的活动主要是洗澡,史书上记载在周朝时,三月上巳日就要进行一种名为祓禊的宗教活动。祓是指祓除病气,禊是指清洁身体,因此祓禊指的就是通过清洗身体,达到除灾祛病、祈求福祉的目的。

但从现代观点来看,祓禊更像是古人春季驱邪祛瘟的卫生保健古俗,因为冬天的河水太冷,三月初的水温有所回升,人们急着去洗冬天后的第一次澡。

人类最早时候以为生育是图腾进入妇女体内的结果,后来才知道夫妻交媾才是生育的原因,但不论是哪种,大家都知道子女是由母亲孕育的。有些女人因为疾病而不能生育,在当时那个人员稀少的社会中,繁殖是很重要的事情,人们认为女人不能生育是鬼神作祟,就用沐浴来治疗不孕症。久而久之,这种风俗就历代相传了。

踏春郊游

春临大地、万象更新、风和日丽,郊外生长着大量的绿色植物,在阳光的照射下会释放很多氧气,林边和海边都有很多负离子,可以使人精神抖擞,一扫平日的疲惫感,绿色植物分泌出的特殊气味还可以刺激人们的嗅觉,让人产生愉快感。

《梦粱录》卷二载:"三月三日上巳之辰,曲水流觞故事,起于晋时。唐朝赐宴曲江,倾都禊饮踏青,亦是此意。"每当到了上巳节,便是踏春的好时节,男男女女结伴倾城而出,到山谷采兰草,或者到郊野宴饮行乐。

唐朝时上巳节的仕女出游最有特色,她们在出行途中如遇名花便席地而坐,常以斗百草为乐,斗百草即比赛自己找到的草的多少或韧性高低。此外还会有荡秋千、跳绳等体育活动。

会男女

最早的时候，上巳节其实还是一个大型相亲节日，《诗经》中的《郑风·溱洧》篇就描写过郑国的青年男女，在三月桃花水涨时出去沐浴，大家自由聚会，玩笑嬉戏。姑娘问道："一起去清水里洗澡怎么样？"小伙子回答："已经去一趟。"姑娘说："清水边热闹又宽广，再洗一遍又何妨？"两人互赠芍药永不忘。

至今在中国一些少数民族地区还有不少会男女的风俗，比如黎族的三月三、苗族的爬坡、布依族的抛绣球等。

吃五彩蛋

上巳节还有吃五彩蛋的习俗，人们在过节时先将鸡蛋、鸭蛋或者鹅蛋煮熟，染上各种各样的颜色，再将彩蛋和枣放到水中，让其顺流而下，人们在下游各守一处地方，蛋和枣漂到谁附近，谁就取食。古人将这种活动称为"曲水浮素卵"和"曲水浮绛枣"。

古代中国，卵暗喻怀孕，枣谐音早，"浮素卵"和"浮绛枣"反映了人们祈求婚姻美满、早生贵子的美好愿望。

故事传说

黎族兄妹的传说

传说在很久之前，住在昌化江畔的黎族人遭受了一次特大洪水，所有的人和牲畜都死了，只剩下了一对兄妹——天妃和南音。

他们坐在一个葫芦里，漂到燕窝岭上被树枝卡住了。兄妹二人长大成人后决定分头寻找伴侣，然后相约每年三月三回到燕窝岭下相会。

几年过去了，两个人都无功而返。妹妹只好用竹签在自己的脸上刺上花纹，再用植物染上颜色，不让哥哥认出自己，只有这样哥哥才会和她结为夫妻，

使种族得以延续。

哥哥三月三回来后，果然没有认出自己的妹妹，于是二人就结为了夫妻，在燕窝岭上生儿育女、开荒垦田，保住了黎族的血脉。

传说黎族的三月三节和纹面的习俗就是这样来的。在这之后，每年的三月三，南音和天妃，还有他们的子孙就会回到燕窝岭迎接春天，在经过了很多年后，南音和天妃在山洞里化成一对石头。黎族后代为了纪念这对为黎族传宗接代的兄妹，就把他们生活的那个石洞叫做娘母洞。

每年的三月三，黎族人都要带着糯米、糕饼、粽子和米酒，从四面八方赶到娘母洞前纪念祖先，并对歌、跳舞来祈福。

"鬼节"和"蒿子粑粑"的故事

传说在很久之前，阳间和阴间之间的界限并没有那么鲜明，鬼魂可以到阳间来，活人也可以到阴间去看看。到了每年农历三月初三，阴阳之间的界限就更加宽松了。到了晚上，阴间的街市上热闹非凡，到处都是舞龙舞狮、踩高跷、游花船的活动，和人间的春节差不多。

有人受了诱惑，魂魄跑到阴间去玩，他们有的在街上看灯看戏，有的在茶馆酒楼听曲，有的趁机去拜见自己的祖宗。天快亮时，鬼市收市，大多数人的魂魄回到了自己的身体，少数玩得乐不思蜀，就留在了阴间。

第二天阳间哭声一片,魂魄没有回来的人的家人们请和尚道士来作法招魂,可是仍有一些游魂没有回来,他们的身体七天后腐烂了,就真的离开人世成为阴间鬼了。所以三月初三就被人们称为"鬼节",每当快到的时候,人们都到庙里去烧香拜佛求保佑。

人间的香火太过旺盛,直冲观音菩萨的莲花宝座前。观音菩萨得知了人们烧香的原因,一天晚上,她给一个老奶奶托梦:"人间有难,我赐你一株仙草,你用它来和面做成粑粑吃下,三月初三就不会有事了。"

老奶奶睡醒后发现自己的手里真的握着一株小草,再仔细一看,和地里的青蒿一样。她急忙把观音菩萨托梦的事情告诉了乡亲们,大家赶快到地里去采青蒿,磨成面做成粑粑吃。

结果凡是吃了蒿子粑粑的人都平安过了"鬼节",这个消息迅速传遍了各地,此后每年三月三前夕,大家都做蒿子粑粑吃。直到现在,我国南方有些地区还有这个习俗。

纪念黄帝诞辰

中国自古就有"二月二,龙抬头;三月三,生轩辕"的说法。

相传黄帝一生下来就和别人不一样,几十天便能说话,到了十五岁时,已经无所不通了。

后来,20岁的黄帝便继承了有熊国君的位置。

在黄帝成为氏族的首领之后，有熊氏的势力开始迅速发展，形成了一个强大又独立的黄帝部落。

黄帝部落在从姬水往东发展时，继承了神农氏传下来的农业生产经验，大力发展原始农业，使得部落迅速发展壮大。

因为三月三是黄帝的生日，人们为了纪念黄帝为人类所作的贡献，便将这天定为重要的祭祀日子。

王母娘娘蟠桃会

在道教的神仙系统中，王母娘娘是全真道祖师，也是天宫中所有女仙和天地间一切阴气的首领，她是保佑婚姻和生育的神。

道教认为，农历三月三是王母娘娘的诞辰，每到这个日子，王母娘娘都会举办蟠桃盛会，各路神仙也都会赴瑶池贺寿。

王母娘娘种的蟠桃，小桃树三千年一熟，人吃了身轻体健，得道成仙；一般桃树六千年一熟，人吃了长生不老；最好的桃树九千年一熟，人吃了与日月天地同寿。

众仙将受邀赴宴作为一种荣耀和身份的象征，所以农历三月初三这天也成为一个重要的道教节日。

历史典故

曲水流觞

上巳节最初的活动是洗澡，但洗澡的地点并不是随便找一个有水的地方就行了，而是要选择一个山清水秀、风景优美、水流清澈的地方，人们也可以趁此机会举行一些娱乐活动。其中比较有名的活动叫做曲水流觞，这个游戏是人们在祓禊后，几个朋友聚在一起，选一段婉转曲折的小溪，把盛着酒的酒杯放在水面上，让它自由从上游往下漂，酒杯漂到谁那儿，谁就可以取来喝，以此取乐。

周朝的时候就有一种"同禊曲洛"的说法，也就是沐浴后一起在曲洛喝酒，这大概就是曲水流觞游戏的雏形了。后来人们每到上巳节时，都建流杯亭，凿石作曲水流杯池。两汉到唐宋时，曲水流觞非常流行，各地都有相关名胜古迹。

历史上最有名的一次曲水流觞游戏要数晋代大书法家王羲之和友人在会稽兰亭的聚会了。永和九年（公元353年）三月三，王羲之和朋友共四十一人在会稽兰亭举行曲水流觞。

当时他们的规则是酒杯漂到谁那儿，那个人就要即兴赋诗，做不出来就要罚酒。这次游戏中一共有十一人各写了两首诗，十五人各写了一首诗。王羲之事后将大家的诗集在一处，挥毫泼墨，写下了著名的《兰亭集序》，被后人誉为"天下第一行书"。

在绍兴，曲水流觞这种雅集一直盛传不衰。直到现在，每年三月初三，书法家们还都要到绍兴兰亭聚会，在保留完好的"流水亭"举行曲水流觞游戏，纪念王羲之。

诗词文化

上巳

[宋] 刘克庄

樱笋登盘节物新，一笻踏遍九州春。

似曾山阴访修竹，不记水边观丽人。

豪饮自怜非少日，俊游亦恐是前身。

暮归尚有清狂态，乱插山花满角巾。

　　刘克庄，字潜夫，号后村，福建莆田人，南宋诗人、词人、诗论家。他是宋末文坛领袖，辛派词人的重要代表，词风豪迈慷慨。在江湖诗人中年寿最长，官位最高，成就也最大。

　　作者在这首《上巳》中描写了上巳节出行踏春游玩的景象。樱桃和春笋在上巳节时已经长出来了，作者和自己的拐杖一起踏遍了九州的春天。他不爱美人，偏喜美酒和细竹，虽然已是暮年，但心境还和年少轻狂时一样。

采桑子

[宋] 欧阳修

清明上巳西湖好，满目繁华。争道谁家。绿柳朱轮走钿车。

游人日暮相将去，醒醉喧哗。路转堤斜。直到城头总是花。

　　欧阳修，字永叔，江西吉安人，北宋政治家、文学家。北宋皇祐三年（公元1049年），欧阳修到颍州（今安徽阜阳）任职。当时颍州最著名的景点就是西湖了，欧阳修去了一次就彻底被那里的风光给迷住了。他当即决定晚年就要在这里安度，此后他多次往返此地，并前前后后写下了十首《采桑子》来歌颂颍州西湖的美景。

　　这一年的上巳节前后，欧阳修来到了西湖游玩，那里的景色很好，到处都是繁华景象。有一辆装饰着金色花朵的红轮子马车为了超前，绕道从路旁的柳树中间穿行而过。

大家在西湖一直玩到了日暮才有散去的迹象,有的人已经酩酊大醉了,他们喧哗着一起往回走,沿途满是鲜花。

梦江南

［宋］贺铸

九曲池头三月三,柳毵毵。香尘扑马喷金衔,涴春衫。苦笋鲥鱼乡味美,梦江南。阊门烟水晚风恬,落归帆。

贺铸,字方回,浙江绍兴人,北宋末期大词人。贺铸本是怀有治世之能和安国之才的人,但是因为性情耿直,为当权者忌。虽然他是后族宗婿,但是始终得不到重用。贺铸想为国尽忠却郁郁不得志,时间久了便产生了归隐田园的想法,可是他又舍不得自己的仕途,于是他就纠结在这两种想法中,他的很多作品都可以反映出这点。

他中年时在苏州客居,然后再次去汴京谋职,时值上巳节,嫩嫩的柳条随风摆动,贺铸见到路上的游人很多,车马踏起来的尘土扑鼻,还弄脏了游人的衣衫。

这让作者想起了故乡江南,那里的食物味道很鲜美。苏州城这个时候应该是笼罩在烟水茫茫中,晚风吹来,让人感觉很惬意,远处的归舟慢慢落下了风帆。

从这首词中,我们可以看出当时的人们在上巳节时的一些活动,人们几乎是倾城出动去郊游,有些车马从旁边超车也反映了人们雀跃的心情和对上巳节的重视。

清　明

［唐］杜牧

清明时节雨纷纷，路上行人欲断魂。
借问酒家何处有，牧童遥指杏花村。

我国古代将冬至后的第104天定为清明节，又称踏青节、三月节、祭祖节，节期在仲春与暮春之交。清明节是传统的重大春祭节日，扫墓祭祀、缅怀祖先，是中华民族数千年来的优良传统，不仅有利于弘扬孝道亲情、唤醒家族共同记忆，还可促进家族成员乃至民族的凝聚力和认同感。这一传统已经流传了二千五百多年，2006年正式被列入第一批国家级非物质文化遗产名录。

  清明节也是人们亲近自然、踏青游玩的欢乐节日。这一时节，生气旺盛、阴气衰退，万物"吐故纳新"，大地呈现春和景明之象，正是郊外踏青春游的好时节。

  清明最初是二十四节气中一个节气的名字。二十四节气是中国古代天文学家和民众在生产、生活的过程中总结出来的规律，反映了一年四季的气候变化，对人们安排农耕等活动有着很强的指导意义。因为清明节处在一个特殊的时间节点上，每到清明节，就预示着要开始春耕了，所以它后来慢慢演变发展成了一个具有民俗意义的节日。

源流演变

清明原本是二十四节气之一，它之所以后来会演变成节日，和寒食节有直接关系。

对古代人来说，火是非常重要的，衣食住行这几个方面都离不开火，人类社会的发展因为火的出现而有了一个质的飞跃。进入封建社会后，人们相信用旧火是件不吉利的事情。初春时节，天气干燥，人们保存的火种容易引起火灾，而且雷电也会引起山火。所以古人在这个季节要举行大型祭祀活动，把上一年传下来的火种全部熄灭，这叫做"禁火"。然后再重新钻木取火，作为新一年的新起点。

改火时要举行隆重的仪式，禁火和请新火之间有几天的间隔时间，不同的朝代，间隔时间不同。在这段没有火的时间里，人们直接吃提前准备好的冷食，所以这个节日名叫"寒食节"。

隋朝时，人们在寒食节会灭火两天，而寒食节一般就在清明节前一两天，所以就变成了在寒食节禁火、清明节生新火的习俗。寒食禁火祭墓，清明新火踏青，前者怀旧悼亡，后者求新护生，两者有着密切配合的关系。禁火是为了出新火，祭亡是为了佑生，这是寒食和清明的内在联系。

到了唐朝，朝廷曾经下令将民间扫墓的风俗固定在寒食节，但是因为寒食节和清明节在文化内涵方面有着密切的联系，并且在外部客观因素——时间上也紧密相连，所以扫墓祭祀的风俗也就从寒食顺延到了清明。这时，两个节日的假期加起来有七天。

因为假期长，所以扫墓选择其中一两天即可，其中自然也包括清明节那天。到了宋朝，寒食和清明的界限越来越不明显了，清明节将寒食节的祭祀习俗给"抢"了过来，甚至还融合了上巳节的踏青游玩。寒食节和上巳节开始衰落。

明清之后，上巳节完全退出了历史舞台，寒食节也已经基本消亡，春天基本上就剩下了一个清明节。

清明节的主要活动是扫墓和踏青，这体现了中国人重视孝道、不忘本的道德意识。这种孝文化是我国几千年来，社会得以稳定发展的内核，也是清明节能流传两千多年的根本原因。

传统习俗

扫墓

墓前祭祀祖先，谓之扫墓。祭祀前先买一些纸钱、鞭炮、纸礼品等，去祭祀时要边走边追忆祖先生前的事迹，表达自己的思念之情，也提醒后辈不要忘了先人的恩典。到了坟前，家人们有的要负责告诉先人自己的到来，让其接受子孙的供奉，另外的家人则忙着烧纸钱。最后是行跪拜之礼，祭祖仪式至此结束。

扫墓祭祖习俗在先秦以前就有，先秦时代北方中原一带扫墓主要在寒食节与寒衣节，到唐宋后清明扫墓才开始在全国范围盛行。在宋朝时，规定从寒食到清明祭扫坟墓三日，明清扫墓活动得到沿袭，延续至今。明《帝京景物略》载："三月清明日，男女扫墓，担提尊榼，轿马后挂楮锭，粲粲然满道也。拜者、酹者、哭者、为墓除草添土者，焚楮锭次，以纸钱置坟头。望中无纸钱，则孤坟矣。"

荡秋千

清明节荡秋千的习俗，盛行于唐代。五代王仁裕《开元天宝遗事》载"天宝宫中至寒食节，竞竖秋千，令宫嫔辈以为宴乐，帝呼为半仙之戏，都中士民因而呼之"，唐代诗人韦庄在《长安清明》中写"紫陌乱嘶红叱拨，绿杨高映画秋千"，宋代宰相文彦博的诗《寒食日过龙门》描写为"桥边杨柳垂青线，林下秋千挂彩绳"。可见在当时民间，不少家庭设置有秋千。

放风筝

风筝又称"纸鸢""鸢儿",在竹篾等骨架上糊上纸或绢,拉着系在上面的长线,趁着风势放上天空飞翔。风筝最初叫"风鸢",是古代军事上用来传递消息的工具,后逐渐演变为民间娱乐玩具。风筝造型各异,花样繁多,常见的是各种动物、卡通形象。

清明是放风筝的好时节,人们不仅白天放,夜间也放。夜里在风筝下或拉线上挂上小灯笼,像闪烁的明星,遥遥望去,煞是动人。清代诗人张劭在《纸鸢》中写道:"众簇春郊放纸鸢,踏歌凝笑线连牵。影驰空碧摇双带,声遏行云鼓一弦。避雨寻来芳草地,乘风游遍艳阳天。黄昏人依楼头看,添个灯笼在天边。"这首诗将风筝在碧空中的各种形象、声响、色彩描绘得淋漓尽致。

植树

清明前后植树,成活率高,树木成长快,因而清明节又称为"植树节",但其实这种风俗源于丧葬习俗。

西周时期,统治者们就开始在故去人的坟头种树了,那时候种树是一种身份的象征,普通老百姓是不允许在坟地里种树的。春秋时,民间开始仿照统治者在坟头植树,这时的植树是作为祖坟的一种标志而存在的。《礼记》中记载,孔子要去远游,他怕再回来时,家乡的很多事物都变化了,所以就在父母坟前种了松柏,为了以后好辨认。这时的植树和清明节还没有太大关联,直到西汉初期,汉高祖刘邦因为在外征战很多年,再回故乡的时候却找不到父母的坟墓,在别人帮助下才找到一块破墓碑,于是就找人重新修建了墓碑,并植了松柏在旁边做标志。

那天正好是二十四节气中的清明,有手下向刘邦建议将清明定为祭祖节,刘邦批准了他的建议。此后每到清明的时候,人们就将祭祖和植树结合在一起,形成了一种固定习俗。

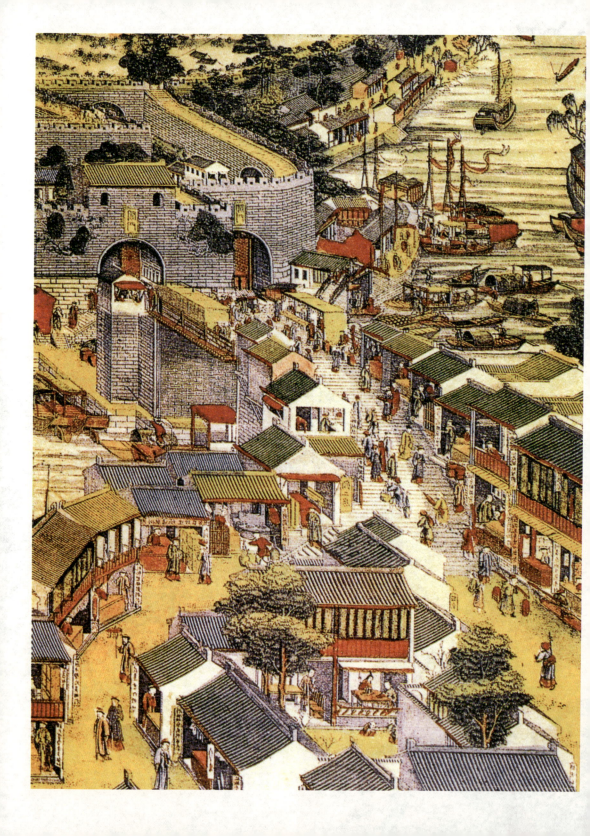

插柳

民间有句谚语说"清明不戴柳，死后变黄狗"，意思是到了清明节，不论男女老少，都要用柳树枝编一个柳枝帽戴在头上，否则这个人死后的来世会变成一只黄狗，转入畜生道。

这句话虽然是一种封建迷信的说法，但"清明插柳"风俗由来已久，民间相传从隋代开始流行。

插柳和戴柳的习俗和我国古代的种柳、爱柳之风有关。晋代时，全国遍植柳树，称"官柳"；汉代太尉周亚夫在军营种了很多柳树，使军营得名"柳营"；唐朝文成公主出嫁时，把一株长安的柳树带到了拉萨，并亲手种在大昭寺前。文人骚客也写了很多咏柳的诗词，这些都反映了人们对于柳的喜爱。"柳"与"留"谐音，古人常用离别赠柳来表达难舍难分的心情。而且杨柳是春天的标志，它常给人一种欣欣向荣的感觉。

唐朝人认为到河边或者野外时，头戴柳枝可以摆脱毒虫的伤害。宋元后，清明插柳的习俗更加盛行，人们踏青游玩回来都会在家门口插一支柳，用以避免虫疫。

故事传说

三年筑坟

白头山腹地里有个村子，康熙年间是这个村子的鼎盛时期，村子里有一户满汉通婚的人家，有一独子名汉青。

有一天，汉青在狩猎的时候意外采到了一颗野生大人参。汉青立刻跑回家，希望身体虚弱的爹吃了人参可以健康起来。

当天晚上，汉青起夜，结果看到县令老爷从他父亲的房间出来了，他笑着拍拍父亲的肩膀说："圣上三十岁生辰，你把宝参献上，到时候可就荣华富贵享之不尽啦，可别忘了老弟啊！"父亲满脸微笑，和县令寒暄着。这边的汉青听了这话，快要气死了。

汉青的父亲是旗人，母亲是汉人，当年父亲受命出兵江南，结果救下了母亲，母亲所有的家人全在屠城中死于非命，所以母亲和父亲成亲后，她坚决不肯让父亲受封住在京城，而且经常给汉青灌输对江南的思念和对朝廷的仇恨。

汉青对朝廷恨之入骨，一听到父亲要把自己找到的宝物送给皇帝，怒火中烧，马上就想冲进去理论一番，但是考虑到父亲年老多病，如果吵闹怕是会把父亲气坏，于是他想到了一个迂回策略。

汉青偷偷拿走了大人参，跑到朋友家住了一个月，想着爹找不到人参，这件事就只能作罢了，他有战功在身，县令也拿他没办法。

一个月后，汉青回到家，却发现家里到处都挂着白色帐幔，他匆忙跑进房间，只见娘穿着一身丧服，看到他气得几乎昏迷。

原来汉青带着大人参走了之后，父亲怕县令会追捕汉青，治他的罪，就到衙门去自首，说是自己老糊涂了，把人参给吃了。可是让人没想到的是，县令已经把奏折给递上去了。

康熙得知这件事非常生气，但念在汉青的父亲有战功，便只赐死他一人，没有祸及家人，但他们一族人的坟墓，三年内不得起坟，要等人马牲畜都践踏完才能立坟。

汉青边哭边说："我听从娘的教诲，实不愿将人参献给朝廷，如果不是爹贪图富贵，事情也不会到这个地步啊！"

母亲也痛哭流涕，说道："儿子，你错了。朝廷有令，满汉不通婚，我嫁给你爹这么多年，只能隐姓埋名，怕连累得你也没有出头之日，以后成家都是问题。你爹是为了得到特赦才向朝廷献人参，只有这样我和你才能堂堂正正做人啊！"

汉青这才明白父亲的良苦用心，他来到父亲的墓地，和悔恨的眼泪一起将人参埋在了那里。

原本那颗人参已经离开土地很久了，但被汉青埋下没多久，竟然发芽了。

三年后的清明节，那片地上已经长出了一大片人参。

汉青为父亲建了一个很大的坟墓，然后在山里和母亲一起安心到老。从那之后，附近的人死去之后都会在坟前栽几棵人参，三年后的清明节再起坟墓。

历史典故

晋文公与介子推

春秋战国时期，相传晋献公的妃子骊姬为了让自己的儿子即位，就设计陷害了太子申生，申生自杀。申生的弟弟重耳为了自身的安全，只能带着一众支持他的人四处奔逃。慢慢地，重耳身边的人越来越少，只有少数几个忠心耿耿的人还跟着他。

有一次，重耳饿得晕了过去，其中一个忠心的手下为了救重耳，就从自己的腿上割下一块肉，用火烤了给重耳吃，这个人名叫介子推。

十九年后，世事变迁，重耳回到自己的国家做了国君，成为晋文公。

晋文公对那些曾和他不离不弃、一直同甘共苦的臣子们大加赏赐，可是却忘了介子推。有人在晋文公面前为介子推说话，晋文公又重新想了起来，马上派人去请介子推受赏，可是介子推不愿争功讨赏，就和母亲悄悄隐居到绵山去了。

晋文公亲自到介子推家去请他，却发现他已经走了，晋文公派人搜山，却一直都没有找到介子推。

这时，有人出了个主意，说从三面点火，放火烧山，使得介子推自己走出来。晋文公采纳了他的建议，可是直到大火熄灭都没有见到介子推出来。到山上一看，发现介子推母子已经抱着一棵大柳树烧焦了。

晋文公悲痛万分，但是现在能做的也只有厚葬他们的遗体了。他们在将尸体从大柳树上搬下来的时候发现介子推用身体堵住的大柳树的洞里有一片衣襟，

上面写着一首血诗:"割肉奉君尽丹心,但愿主公常清明。柳下作鬼终不见,强似伴君作谏臣。倘若主公心有我,忆我之时常自省。臣在九泉心无愧,勤政清明复清明。"

晋文公把血诗放好,然后将介子推母子安葬了。

为了纪念介子推,晋文公将绵山改为了"介山",并把介子推去世的日子定为寒食节,这一天禁燃火,只能吃寒食。

第二年,晋文公带着大臣们到山上祭奠介子推,发现那棵大柳树竟然复活了。他将这棵大柳树赐名为"清明柳",把这天定为清明节。

此后每到清明节,百姓们就自发祭奠不图富贵、清白廉明的介子推。

诗词文化

清 明

[宋] 黄庭坚

佳节清明桃李笑,野田荒垄只生愁。
雷惊天地龙蛇蛰,雨足郊原草木柔。
人乞祭馀骄妾妇,士甘焚死不公侯。
贤愚千载知谁是,满眼蓬蒿共一丘。

黄庭坚,字鲁直,九江人,是与恩师苏轼齐名的北宋著名文学家、书法家。

这首诗是作者的触景生情之作,通篇运用了对比的手法,抒发了对人生无常的感慨。

清明节时,桃花和李花竞相开放,一片美好景象,但是田野上的孤坟无法参与这份热闹。春雷惊醒了冬眠中的龙蛇和昆虫,春雨滋润着草木。有人向扫墓者乞讨祭祀剩下的饭菜,回家向妻妾炫耀总有人请自己吃饭,也有人因为拒绝受封赏而被大火烧死。他们是愚蠢还是贤能没人知道,现在留下的只是坟墓上的野草罢了。

苏堤清明即事

[宋]吴惟信

梨花风起正清明,游子寻春半出城。

日暮笙歌收拾去,万株杨柳属流莺。

  吴惟信,字仲孚,霅川(今浙江吴兴)人,南宋后期诗人。他的作品多以对景物的精致描述来抒情,这首诗也不例外。

  清明节的西湖旁有很多游人。到了傍晚,游人渐渐散去。人去声息,但西湖的春色依旧动人。本诗并没有直接对大好春光和踏春乐趣进行具体描写和渲染,只是用一些景物稍作点缀。作者借助游人的纵情和黄莺的恣意进行侧面描写,使人不禁对春游的场景产生联想,表达了作者对清明节时的西湖春景的喜爱与赞美之情。

清明日

[唐]温庭筠

清娥画扇中,春树郁金红。

出犯繁花露,归穿弱柳风。

马骄偏避幰,鸡骇乍开笼。

柘弹何人发,黄鹂隔故宫。

  温庭筠本名岐,字飞卿,太原祁(今山西祁县东南)人,唐代诗人、词人。温庭筠工诗,与李商隐齐名,时称"温李",其诗辞藻华丽,秾艳精致,内容多写闺情。其词更是刻意求精,注重词的文采和声情,艺术成就在晚唐诸词人之上,为"花间派"代表词人,对词的发展影响较大。温庭筠才思敏捷,却恃才不羁,又好讥刺权贵,多犯忌讳,取憎于时,故屡举进士不第,长被贬抑,终生不得志。

  这首诗描写的是清明节的清晨,清娥飞舞,美得像在画中一样。桃花和郁金香争相盛放,将整个田野都染成了红色。人们开开心心地结伴踏青,出发时看到露水,归来时感受到微风。马在昂首鸣叫,鸡从笼子里争前恐后地跑出来。有人在朝着鸟儿发射弹弓,黄鹂赶快飞到了隔壁的房顶上,好像在说:"请不要伤害我们,不要破坏大自然的和谐。"

  温庭筠的诗用词华丽、风格浓艳,这首诗延续了他一贯的风格,充满了诗情画意,其对清明画面的刻画之丰富前无古人,后无来者。

端　午

[唐]文秀

节分端午自谁言，万古传闻为屈原。
堪笑楚江空渺渺，不能洗得直臣冤。

五月初五端午节,又名端阳节、重午节、重五节、龙舟节、女儿节等。端午节最初是上古先民以龙舟竞渡形式祭祀龙祖的节日,后因战国时期楚国诗人屈原在端午节抱石跳汨罗江自尽,将端午节作为纪念屈原的节日。个别地方也有纪念伍子胥、曹娥及介子推等说法。

赛龙舟与食粽子是端午节的两大礼俗主题,自古传承,至今不辍。

端午节和春节、清明节、中秋节并称为中国民间四大传统节日。2009年9月,联合国教科文组织正式将端午节列入《人类非物质文化遗产代表作名录》,端午节成为中国首个入选世界"非遗"的节日。

源流演变

关于端午节的起源有很多种说法,其中流行比较广的有三种。

第一种,也是流传度最广的一种,是说为了纪念屈原。

据《史记》的《屈原贾生列传》记载,屈原是战国时期楚怀王的大臣。他倡导举贤授能，富国强兵，举兵抗秦，但是遭到一些胆小怕事的贵族的强烈反对，于是屈原就被赶出了都城，流放到沅、湘流域。公元前278年，秦军攻破楚国郢都。屈原眼看自己的祖国被侵略，心如刀割，但是始终不忍舍弃自己的祖国，于五月五日，在写下了绝笔作《怀沙》之后，抱石投汨罗江身死，以自己的生命谱写了一曲壮丽的爱国主义乐章。

  传说屈原死后，楚国百姓哀痛异常，纷纷涌到汨罗江边去凭吊屈原。渔夫们划起船只，在江上来回打捞他的尸体。有位渔夫拿出为屈原准备的粽子，"扑通、扑通"地丢进江里，说是让鱼龙虾蟹吃饱了，就不会去咬屈大夫的身体了。人们见后纷纷效仿。以后，在每年的五月初五，就有了吃粽子的风俗，以此来纪念爱国诗人屈原。

  第二种是说端午节是龙的节日，古代吴越地区会在五月初五这天举行图腾祭祀，他们信仰龙。端午节的两个主要活动都和龙有关，粽子投入水里被蛟龙所窃（吴均《续齐谐记》），竞渡用的又是龙舟，他们甚至还有在身上文上龙的图案的习俗。

  第三种传说，是为纪念东汉孝女曹娥救父投江。曹娥是东汉上虞人，父亲溺于江中，数日不见尸体，当时孝女曹娥年仅十四岁，昼夜沿江号哭。过了十七天，在五月五日也投江，五日后曹娥的尸体抱父尸浮出水面，就此传为神话，继而相传至县府知事，令度尚为之立碑，让他的弟子邯郸淳作诔辞颂扬。

  先秦时期，五月初五就已经被人们当做一个重要节日了，但我国南方和北方的过节习俗各异。秦朝之后，国家统一，南北方的经济文化交流使风俗习惯也互相融会贯通，全国的端午习俗趋于统一。

  魏晋南北朝时，因为战争频繁，人们饱受战争之苦，所以最重视的端午习俗叫做"辟兵缯"。就是用五色丝染制成日月、星辰、鸟兽的形状，上面刺上文绣或金缕，辟兵缯又叫做长命缕或续命缕。

  隋唐时期的风俗多和前朝一致，但原来有特定意义的节日风俗活动，隋唐时多演变成了节日娱乐活动。唐代端午龙舟竞渡尤其值得一道。在唐代全盛时期，经济繁荣，人民生活相对稳定，在节日娱乐方面，一方面是上行下效，蔚成风气，另一方面民间的一些风俗活动也得到官府的支持。因此，竞渡之风尤为鼎盛。

到了宋代，端午节的许多风俗有了新变化，讲究贴天师符。而且当时的汉族端午习俗也被辽、金两国吸收并发展了，他们会在端午节举行一些新的娱乐活动，像射柳和打马球等。

明清两代又把端午节称作"女儿节"，会极力打扮小女儿，已经出嫁的女儿也可以回家过节。《帝京景物略》云："五月一日至五日，家家妍饰小闺女，簪以榴花，曰'女儿节'。"端午节日规模也越来越大，尤其是南方的赛龙舟，已经成为轰动一时的盛举。据《武陵竞渡略》记载，龙舟竞渡已不限于端午一天，而是："四月八日揭篷打船，五月一日新船下水，五月十日、十五日划船赌赛，十八日送标讫，便拖船上岸"。

传统习俗

吃粽子

粽子，又称"角黍""粽籺""古粽籺""筒粽"，由来已久，花样繁多。

粽子早在春秋之前就已出现，用菰叶包裹黍米做成牛角状，称为"角黍"，或者用竹筒装米密封烤熟，称"筒粽"。

最早有文字记载的粽子见于晋周处的《风土记》。唐代韦巨源《食谱》记载，历史最悠久的粽子则是蜂蜜凉粽子。到宋朝时，民间开始出现有蜜饯放于其中的"蜜粽"，吃粽子逐渐成为一种时尚。

元、明时期，粽子的包裹料逐渐出现芦苇叶，粽子的品种也更加丰富多彩。到清朝，粽子最终逐渐形成今天的模样。时至今日，每年农历五月初，中国人

家家都要浸糯米、洗粽叶、包粽子，粽子的品种也五花八门。从馅料看，北方的粽子以小枣糯米为主，南方的粽子则有肉粽、豆沙粽、蛋黄粽等。

赛龙舟

赛龙舟是端午节最重要的节日民俗活动之一，在中国南方地区普遍存在。关于赛龙舟的起源，有多种说法，有祭曹娥、祭屈原、祭水神或龙神等，可追溯至战国时代。人们在急鼓声中划动刻成龙形的独木舟，做竞渡游戏，当时的赛龙舟是半宗教性、半娱乐性的活动。

最早有文字记载端午赛龙舟的是吴国人周处的《风土记》，那时在端午节赛龙舟就已经形成了风俗。明确说明龙舟竞渡是为了纪念屈原的是梁代吴均等留下的资料。梁代吴均的《续齐谐记》："楚大夫屈原遭谗不用，是日投汨罗江死，楚人哀之，乃以舟楫拯救。端阳竞渡，乃遗俗也。"《荆楚岁时记》也有此说。在民间传说中，人们赛龙舟是为了把江里的鱼儿驱散，让它们不能去啃食屈原的身体。

到了20世纪70年代，龙舟竞赛发展成为了竞技性现代体育项目，有全球30多个国家参与。

喝雄黄酒

据说屈原在投江自尽后，楚国的百姓哀痛异常，纷纷涌到汨罗江边去凭吊屈原，渔夫们撑起船只，在江上来回打捞他的尸身。有位渔夫还拿出事先准备的粽子、鸡蛋等食物往江里面丢，说是让鱼虾吃了，就不会去咬屈大夫尸身。一位老医师则拿了一坛雄黄酒倒进江里，说是用药晕了蛟龙，使它不能伤害屈大夫。过不了多久，水面上浮起了一条昏晕的蛟龙，龙须上还沾着一片屈大夫的衣襟，人们就把这恶龙拉上岸，抽了筋，然后把龙筋缠在孩子们的手、脖子上，又用雄黄酒抹七窍，使那些毒蛇害虫都不敢来伤害这些小孩子。

从那之后，端午节就有了喝雄黄酒的习俗。

挂艾草与菖蒲

在端午节布置可驱邪祛病的花草，来源已久。民间使用最为普遍的药用植物就是艾草和菖蒲，它们能够挥发具有芳香气味的植物油脂，对蚊虫有驱赶和杀灭作用，对人有提神理气、通窍消滞等功效。据《荆楚岁时记》载："五月五日，谓之浴兰节。四民并蹋百草之戏。采艾以为人，悬门户上，以禳毒气。以菖蒲或镂或屑以泛酒。"人们在端午节这天，采艾草悬于门上，把菖蒲做成宝剑形挂在屋檐下，此俗沿袭至今。

沐兰汤

端午在古人心中是恶日，这种迷信思想使得他们有了在端午求平安、避灾病的习俗。其实这是由于夏季天气燥热，人容易生病，加上蛇虫鼠蚁也都到了繁殖的季节，容易咬人，所以才形成了这种习惯。

沐兰汤是端午节的一种卫生习俗，由主祭端着一盆艾叶水，人们依次排队走到主祭面前，主祭用菖蒲草沾盆里的水，在人们的双手、额头、脖颈处轻轻拂过，以示祛除晦气。

故事传说

挂菖蒲

古时候有一位穷秀才，娶了一位貌美能干的姑娘瑞英为妻，有一年大旱，眼看就要到端午节了，瑞英想让家里热闹一些，可是家里很穷，只有公公种的菖蒲青翠碧绿，便挖了几棵洗净后挂在门上，并题了一首诗在门前，自叹命苦。

秀才傍晚回家来到门口，读了诗很是羞愧，返身而去，见田中一头牛，旁边无人，便将牛牵走准备卖掉，没想到被牛的主人发现了，把秀才送到了县衙。

秀才将实情禀告知县，知县就派人把瑞英叫来，要她当堂作诗，瑞英要过笔墨，题上一首七绝，描写了自己和秀才的爱情故事。知县看了大喜，免了秀才的罪，还送了秀才几十两银子，小两口谢恩，回到村中，开了一个酒店，过着美满幸福的生活。

那之后，端午节时，家家户户门前都要挂一把菖蒲，菖蒲本是一种草药，人们认为它能避邪驱瘟，逢凶化吉。

黄巢之乱

唐僖宗年间，发生黄巢之乱，烽火所到之处，尸陈遍野、血流成河。老百姓闻黄巢来，纷纷先行逃跑避难。

一次，黄巢看见逃难队伍中，有位妇人的行径与常人大不相同。一般人逃难时，总是将年纪小的孩子抱在怀里，牵着年纪大的孩子，但这位妇人怀中抱着年纪大的孩子，手里牵着年纪小的孩子。

黄巢感到奇怪，便拦下那妇人，问道："你为什么手牵小的，怀抱大的呢？"那妇人含着泪水，指着怀里的孩子，对黄巢说，这是大伯的孩子，手里牵的是自己的儿子。万一情况危急，只能救一个孩子时，她打算牺牲自己的孩子，以保住大伯唯一的后裔。

黄巢听了，非常感动。他想，妇人即便孤身一人随大伙逃难都是件不易的事情，途中难免吃不饱穿不暖，更何况还带着两个孩子。就对那妇人说："你回家去吧，将艾草插在门口，黄巢的军队看见，就不会伤害你。"

妇人回到城里，把这个消息讲了出去。没多久，黄巢的军队攻进城里，只见家家户户门上都挂着艾草。为了遵守对那位妇人的承诺，黄巢只得率兵离去，全城百姓因而得以幸免于难。

后来大家为了纪念这位妇人，每到端午节时，都在自家门前插上一株艾草。

历史典故

伍子胥的忌辰

大多数人认为端午节是为了纪念伟大的爱国诗人屈原，但是苏州人的端午节是为了纪念伍子胥，也有人提出端午节实际上起源于伍子胥的忌辰，这些到底是怎么回事呢？

中国绝大部分地方在端午节纪念诗人屈原，而在苏州则是纪念伍子胥。从屈原和伍子胥生活的年代来看，伍子胥要早于屈原200年，而吴地人民对伍子胥的纪念也比较早。

伍子胥是楚国人，他的父亲和兄弟都被楚王杀了，伍子胥后来去了吴国，助吴王讨伐楚国。

吴国败楚时，杀害伍子胥父兄的楚平王已经死了，伍子胥将其尸体从坟墓里挖出来鞭尸以报仇。

吴王阖闾死后，夫差即位，吴军百战百胜，越王勾践请和，伍子胥建议彻底消灭越国，夫差不听，与越王讲和。

后越国行贿，陷害伍子胥，夫差相信了，赐死了伍子胥。伍子胥视死如归，但在冤死前对人说："我死后，将我的眼睛挖出来挂在城门上，我要看着越国军队灭吴国。"夫差听说后怒火中烧，让人将伍子胥的尸体装在皮革里，五月

五日扔到了江里，其尸沿江漂浮至如今的胥口。

胥口人民为纪念这位吴国忠臣，为他建立纪念的庙堂，并将由伍子胥率众开挖的江南第一运河命名为胥江，把附近的小山命名为胥山，湖命名为胥湖，并且家家户户挂艾叶菖蒲、赛龙舟、吃粽子、饮雄黄酒，用以纪念伍子胥。

被父亲遗弃的孟尝君

孟尝君是齐国人，本名田文。他的爷爷是齐威王，伯父齐宣王，父亲是齐国丞相。家世显赫的孟尝君本应过着富足、幸福的生活，但他被父母抛弃了。

孟尝君的母亲是父亲田婴最末位的小妾，在孟尝君出生前，他父亲就已经有了四十多个儿子，而孟尝君的生日又偏偏是五月初五这天。我国古代的迷信思想有"初五、十四、二十三，太上老君不炼丹"的说法，这三天是人们最忌讳的"黑道日"。农历五月就更厉害了，被叫做"恶月"，五月初五更是这恶月中的恶日，这天出生的婴儿被看做不祥之物的化身，会克死父母。

田婴不缺儿女，他怕孟尝君克死他，就让孟尝君的母亲把他扔掉。可是母亲怎么忍心将自己身上掉下来的肉给扔掉呢，她偷偷将孟尝君抚养长大。

长大后的孟尝君能言善辩、待人和善、礼贤下士，在国内外都享有极高的声誉，田婴也还没有顽固透顶，所以最后还是让孟尝君做了自己的接班人。

诗词文化

端午日

[唐]殷尧藩

少年佳节倍多情,老去谁知感慨生;

不效艾符趋习俗,但祈蒲酒话升平。

鬓丝日日添头白,榴锦年年照眼明;

千载贤愚同瞬息,几人湮没几垂名。

殷尧藩,浙江嘉兴人,唐代诗人。性简静,美风姿,工诗文,好山水。著有诗集一卷(见《新唐书·艺文志》)。

这首诗是作者在感叹年华易逝,回想起年轻的时候,每到节日时就会生出很多情感,但是现在老了,没有心思去伤春悲秋了。甚至到了端午这天,也懒得去延续这个挂艾草、驱邪符的习惯了,只希望能有酒喝,天下太平,这就够了。自己的头发一年比一年白了,只有石榴花一到季节就按时开放,在岁月面前,无论是愚蠢的人还是圣贤都只是过客罢了,谁知道有几个人默默无闻,有几个人名垂青史呢。

这首诗也从一个侧面表现出了当时社会对端午节的重视,每到端午节时,家家户户都进行各种庆祝活动,节日的气氛更加容易引发作者的感慨。

竞渡诗

[唐]卢肇

石溪久住思端午,馆驿楼前看发机。

鼙鼓动时雷隐隐,兽头凌处雪微微。

冲波突出人齐譀,跃浪争先鸟退飞。

向道是龙刚不信,果然夺得锦标归。

卢肇,字子发,袁州人(今江西新余分宜)。唐会昌三年(公元843年)中状元,先后在歙州、宣州、池州、吉州做过刺史。所到之处颇有文名,官誉亦佳。

这首诗描绘了端午时节龙舟赛上,鼙鼓初击,兽头吐威,万人助喊,多船竞发的动人场景。作者住久了石溪开始想念端午节的场景,想起在驿馆楼前看龙舟竞渡的时候。鼓声震天,万人齐声呼喊,声音冲破云霄,浪花和飞鸟跳跃着。龙舟向前冲过去,最后果然夺了冠。

　　诗表面描绘龙舟竞渡场面,实则暗讽阿谀奉承之人,万事万物都在不停变化之中,一时风光不代表永远风光,做人还是要脚踏实地。

浣溪沙
［宋］苏轼

轻汗微微透碧纨,明朝端午浴芳兰。流香涨腻满晴川。
彩线轻缠红玉臂,小符斜挂绿云鬟。佳人相见一千年。

　　苏轼,字子瞻,又字和仲,号铁冠道人、东坡居士,世称苏东坡、苏仙,眉州眉山(今四川省眉山市)人,祖籍河北栾城,北宋著名书法家、文学家、画家,唐宋八大家之一。北宋中期的文坛领袖,在诗、词、散文、书、画等方面取得了很高的成就。

　　宋哲宗绍圣元年(公元1094年),苏轼被贬惠州,第二年端午节,在阖家团圆的日子里,苏轼想起了自己的妾侍朝云,于是做了这首词送给她。

　　本词的上片反映了当时端午浴芳兰活动的参与者人山人海,大家都积极参与和发扬古老节日的文化;下片写的是作者和朝云参与具体端午节活动的经过。说明当时的端午节俗至少有两项,一是用五彩线系在手臂上,这代表着长寿;二是将赤灵符带在身上,这是有辟邪的寓意。

七绝·天贶节忿雨

佚名

四季轮回更替交,又逢天贶晒龙袍。
值神无律狂云布,余怒横抽斩雨刀!

天贶节，又称"六月六""姑姑节""回娘家节""虫王节"等。天贶的意思是上天的恩赐，天贶节就是用来纪念天赐的节日。

　　天贶节传说始于北宋真宗赵恒，有一年六月六，他声称上天赐给他一部天书，并要百姓相信他的胡言，乃定这天为天贶节。也有传说起源于唐代，唐代高僧玄奘从西天（印度）取佛经回国，过海时，经文被海水浸湿，于六月初六将经文取出晒干，后此日变成吉利的日子。开始，皇宫内于此日为皇帝晒龙袍，以后又从宫中传向民间，就有了"六月六晒红绿"的说法：经过梅雨季节后，压在箱底的衣服容易长霉，时常拿出来晒一晒，可以避免霉烂。

　　六月六天贶节是一个小节，节日活动相对较少，主要是藏水、晒衣和晒经书，妇女回娘家，人畜洗浴，拜虫王，祈求晴天等活动。

源流演变

　　据传天贶节始于北宋真宗年间（998—1022）。宋真宗赵恒是一个非常迷信的皇帝，有一年六月六，他声称上天赐给他一部天书，并要百姓相信他的胡言，于是定这天为天贶节，还在泰山脚下的岱庙建造一座宏大的天贶殿。

到明、清两代，逐渐形成了在天贶节当日晒经书、晒衣物的民俗，已失去当年天贶之词中"天赐"的含意，成为含有"亮宝""斗富"意味的日子。

流传下来的故事曾说，有钱人家会在这天把锦缎绫绸的衣服拿到大街上晒，名为防蛀，实为摆富；有知识的文人撩开衣服晒肚子，说是怕满肚学问用不上白费了。政府和民间一样，明代内府皇史宬也于该日晒列圣录、御制文集诸大函。

古代北京六月六有两件最热闹的事，一是广安门内的善果寺在这一天要晒所藏经书，包括《楞严经》《法华经》《华严经》，加在一起有数百卷，所藏经卷在华北地区居第一，届时要举办晾经礼，共举行七七四十九天。二是皇家在这一天要把象园中的象赶到护城河里去洗澡，把大象经过的道路叫象来街。杨静亭在《都门杂咏》中曾这样写当年盛况"六街车响似雷奔，日午齐来宣武门"。洗象盛举在清光绪十年后停止，后在象来街曾出土汉白玉小象一尊，大象骨头若干批，及专为大象洗澡而修建的水池大青石条若干。

各地风俗习惯都有一些自己的特色，有的地方早晨全家老少都要相互恭喜，并吃一种用面粉掺和糖油制成的糕点，民谚有"六月六，吃了糕屑长了肉"；还有的地方在六月初六有给猫狗洗澡的趣事，叫做"六月六，猫儿狗儿同洗浴"。

扬州民间还有"六月六、晒龙袍"的说法，一位民俗专家介绍，这种说法起源是传说乾隆皇帝下江南时，在扬州巡游的路上恰遭大雨，淋湿了外衣，又不好借百姓的衣服替换，只好等待雨过天晴，将湿衣晒干再穿，而那一天正好是六月初六。

庐州民间流传着另一个版本，农历六月初六是龙王晒龙袍的日子，所以这一天忌讳下雨。假如当天天气不幸遇上阴雨，龙王就要怪罪于月神，到了中秋赏月那一天也会兴云布雨，调侃说："你闹我的节，我闹你的月。"

传统习俗

回娘家

民谚说"六月六,接姑姑",天贶节这天有女儿回娘家的习俗。小孩也要跟随母亲去姥姥家,傍晚回家前姥姥要在前额印上红记,说是能避邪求福。河南妇女回娘家要包饺子上坟祭祖,祭祖时,在坟前挖四个坑,每个坑中都放上饺子,作为扫墓供品。甘肃榆中在农历六月六庙会上,新娘要跪在太白泉边,从水中捞出石子,用红布包好带回家,相传这样可以早得贵子。

求平安

古人在农历六月初六特别注意人畜安全。

山东临朐地区在六月六祭山神,祈求"男人走路不害怕,女人走路不见邪"。

大象是我国历朝历代最受欢迎的观赏动物,因"象"和"祥"谐音,所以大象历来被认为是吉祥的象征。每到农历六月六时,大家必为大象沐浴。除洗象外,也洗其他牲畜。

广西壮族将六月六称为牛魂节,在此期间为牛洗澡,让牛休息,喂各种好饲料。

也有的地区会在六月六这天施用巫术。在大雨将至之际,闺中儿女剪纸人悬挂在门的左边,称"扫晴娘"。这是一种比拟巫术,企图利用扫晴娘把阴云驱散,以期迎来阳光充足的晴天。这些剪纸人都是妇女的形象,伸展两臂,两手各持一把扫帚或树枝,作驱云赶雨的姿势。

晒伏晒龙袍

有一种说法是天贶节起源于宋代颍州。传说宋神宗是一个非常迷信神仙的

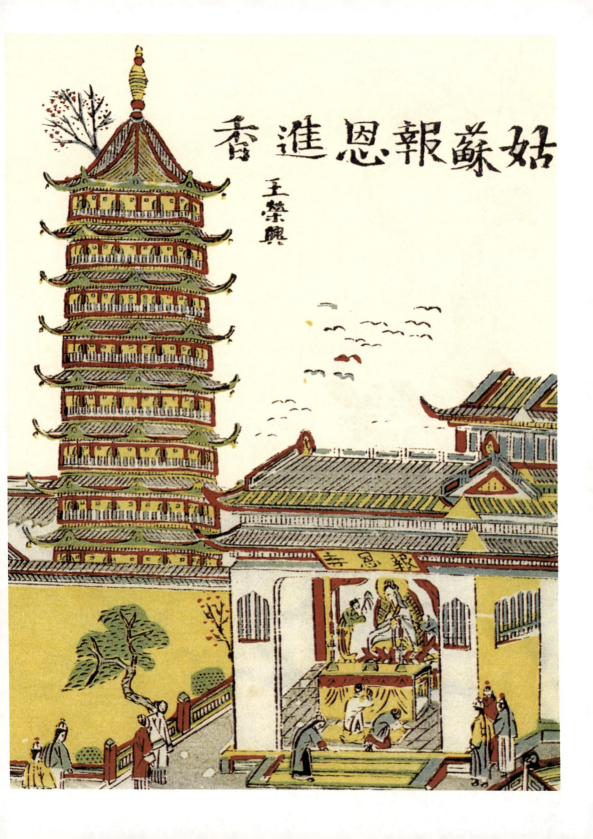

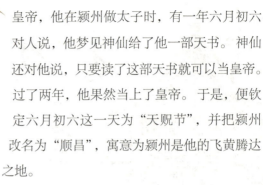

皇帝，他在颍州做太子时，有一年六月初六对人说，他梦见神仙给了他一部天书。神仙还对他说，只要读了这部天书就可以当皇帝。过了两年，他果然当上了皇帝。于是，便钦定六月初六这一天为"天贶节"，并把颍州改名为"顺昌"，寓意为颍州是他的飞黄腾达之地。

随着时光的流逝，天贶节对老百姓的影响越来越小，代之而起的是"晒伏"的习俗。在民间，老百姓讲究的是实用，如果六月六这一天是晴天，人们就会利用大好的太阳，晒晒衣物被褥等物品，防止霉烂，也叫"晒霉"。

"霉"字有语义双关之意，有潮湿发霉的意思，还有倒霉的意思。"晒霉"就是晒干物品，不使之发霉。另外一层意思是把"倒霉运"晒掉。

皇宫里面也要把皇帝的衣服进行晾晒，称为"晒龙袍"。民间的轿子铺、估衣铺、皮货铺、旧书铺、字画店、药店以及林林总总的各类商店，都要晾晒各种商品，民谚有："六月六，人晒衣服龙晒袍。"

吃新麦面

潞城一带，有农历六月六"过新麦节、吃新麦面"的习俗。

潞城一带种植的是冬小麦，一般是农历九月中下旬到十月初种植，翌年五月中下旬收割，也就是最迟到夏至期间必须收割完，故有农谚曰："夏至十日麦青干。"这句农谚的意思是，麦子到夏至十天时，即使是青的也会干枯。农历五月底之前收割了麦子，六月六就要磨新麦子面，以示庆贺丰收。

磨好或碾好的新麦面做成的"老圪扯"（很宽的拉面）特别有筋骨，配上猪肉"臊子"，吃起来特别香。当地人有一句俗语："猪肉臊嘞老圪扯，一吃一个不言语。"这一节俗至今在潞城一带仍然流行。

故事传说

晒经节

传说唐僧师徒历经九九八十一难，好不容易从西天取得了经书，却在归途中不慎将经书掉到了大海里，师徒四人只好把经书从大海里捞出来晾晒，这本是一个传说故事，但后人偏偏认定唐僧晒经这天就是农历六月初六。

农历六月初六，如果是晴天，皇宫内的档案、实录、御制文集等，都要摆在庭院中晾晒。各地的大小寺庙、道观也要在这一天举行"晒经会"，把所存的经卷统统摆出来晾晒，以防止经书潮湿，虫蛀鼠咬。

相传，古时候京城的白云观藏经楼，藏有道教经书5000余卷。每年的六月初一至初七，白云观都要举行"晒经会"。届时，道士们衣冠整洁，秉烛焚香，把藏经楼里的经书统统拿出来晾晒。广安门内著名的"善果寺"每逢六月初六也要作斋，举办"晾经法会"。僧侣们要礼佛诵经，市井民众都会涌到"善果寺"中观看晒经，所以寺前形成临时集市，热闹非凡。

六月六，接闺女

春秋战国时期，晋国有个宰相叫狐偃。他是晋文公的舅舅，也是保护文公流亡列国的功臣。狐偃精于朝政，是个好宰相，晋国上下对他都很敬重。

六月初六是狐偃的生日，每到这时，总有数不清的人给他拜寿送礼。

人民的爱戴让狐偃摒弃了谦逊，骄傲起来。时间一长，人们对他怨声载道。但狐偃权高势重，大家是敢怒不敢言。

狐偃的女儿亲家是当时的功臣赵衰，他对狐偃的作为很反感，就直言相劝。但狐偃不仅听不进去，还当众责骂亲家。赵衰年老体弱，不久就被气死了。他的儿子恨岳父不讲情义，决心为父报仇。

第二年夏天，晋国遇天灾，粮食颗粒无收，狐偃出京放粮，临走时说，六月初六一定赶回来过生日。狐偃的女婿得到这个消息，决定六月初六大闹寿筵，杀了狐偃为父亲报仇。

狐偃的女婿问妻子："天下的老百姓恨不恨你父亲？"狐偃的女儿对父亲的作为也很生气，回答道："连你我都恨他，还用说别人？"她丈夫就把计划说了出来。他妻子听了，说："我是你家的人，顾不得娘家了，你看着办吧！"

从此以后，狐偃的女儿整天心惊肉跳，她恨父亲狂妄自大，对亲家绝情，但转念又想起父亲的好，作为亲生女儿怎么能见死不救呢。她在六月初五时没忍住，跑回娘家告诉母亲丈夫的计划。母亲大惊，急忙连夜给狐偃送信。

狐偃的女婿见妻子逃跑了，知道机密败露，闷在家里等狐偃来收拾自己。

六月初六一大早，狐偃亲自来到亲家府上，狐偃见了女婿就像没事一样，翁婿二人一起回相府去了。

那年拜寿筵上，狐偃说："老夫近日去放粮，亲眼见到百姓疾苦，才知道我近年来做事有错。今天贤婿设计害我，虽然过于狠毒，但事没办成，而且他是为民除害，为父报仇，老夫决不怪罪。女儿救我于危难中，尽了大孝，理当受我一拜。并望贤婿看在我面上，不计仇恨，两相和好！"

从此以后，狐偃真心改过，翁婿比以前更加亲近。为了永远记取这个教训，狐偃每年六月六都要请回闺女、女婿团聚一番。

这件事情传扬出去，老百姓也争相仿效，都在六月初六接回闺女，讨个消仇解怨、免灾去难的吉利。时间长了便成了习俗，流传至今。

历史典故

晒书节

南朝刘义庆编著的《世说新语》一书中有这样一个故事：晋朝有个叫郝隆的人。他在农历六月初六这一天，仰卧在毒辣辣的太阳底下，暴晒自己的肚皮。有人问其缘由，他回答说："晒书。"又问："怎么不见书呢？"郝隆拍拍肚子说："尽在腹中也。"

郝隆是当时的名士，类似"竹林七贤"中的嵇康、阮籍。郝隆虽然家中清贫，却满腹诗书。农历六月初六这一天，有钱人家晒的是绫罗绸缎、古籍字画，既有"晒霉"之意，也有摆阔气之意。郝隆因家穷，没什么可晒，便亮出自己的肚皮，在烈日下暴晒一番，以此调侃嘲讽一下当时世道，意为腹有诗书气自华，布衣也可傲王侯。

到了清代的时候，又有一位姓朱名彝的人效仿前人郝隆，把自己的肚皮也在农历六月初六这一日猛晒了一番。朱彝满腹经纶，有一年农历六月初六，他又袒胸露乳，亮出肚皮在太阳下暴晒，被微服私访的康熙皇帝遇见，康熙问之缘由，答曰："晒书。"康熙便与之交谈。

通过交谈，康熙发现朱彝确实有才，就封其为翰林学士，负责撰修明史。相传，此后读书人都要在农历六月初六这一天晒诗书字画，以示学问渊博。此日便称为"晒书节"。

诗词文化

六月六日夜

［宋］陈与义

蕴隆岂不坏，凉气亦徐还。

独立清夜半，疏星苍桧间。

晦明莽相代，天地本长闲。

四顾何寥落，微风时动关。

陈与义，字去非，号简斋，祖籍京兆，其曾祖父陈希亮曾迁居洛阳，因而为河南洛阳人，北宋末、南宋初年的杰出诗人。陈与义擅填词，他的作品别具风格，疏朗明快，自然浑成，著有《简斋集》。

这首《六月六日夜》是作者于天贶节的夜晚写下的。这时已至夏末，虽然白天还有些热，但晚上已经开始有了徐徐的凉气。作者在半夜里看着天上稀疏的星空，想到了朝代无论怎样更迭，与天地比起来终究短暂，一种寂寥落寞之感伴着微风袭来。

六月六日小集

[宋]杨万里

青李来禽已眼明，新瓜入夏见何曾。

酒边忘却人间暑，消尽金盆一文冰。

杨万里，字廷秀，号诚斋，吉州吉水（今江西省吉水县）人，南宋杰出诗人。与陆游、尤袤、范成大并称为"中兴四大诗人"。杨万里一生作诗两万多首，传世作品有四千二百首，被誉为一代诗宗。他创造了语言浅近明白、清新自然，富有幽默情趣的"诚斋体"。

这首诗描写的是天贶节时的气候环境，李子、来禽和瓜都已经成熟了。天气渐渐热了起来，作者小酌几杯以消暑气，旁边的一盆冰全都化没了。

秋 夕

［唐］杜牧

银烛秋光冷画屏，轻罗小扇扑流萤。
天阶夜色凉如水，卧看牵牛织女星。

七月初七七夕节，又名七巧节、乞巧节、双七、七姐诞等，是一个以"牛郎织女"民间传说为载体，以爱情为主题，极具浪漫色彩的传统节日。七夕节也是所有华人和东亚各国人民的传统节日。因为参与者主要是少女，其活动最早为乞巧，所以这天也被称为"女儿节"或"乞巧节"。

现在的七夕对中国人来说，已经少了"乞巧"的含义，大家多是将它当情人节在过。人们在这天表达的愿望是男女之间不离不弃、白头偕老，希望双方能恪守对爱的承诺。

2006年5月20日，七夕被我国列入第一批国家非物质文化遗产名录。

源流演变

我们现在一说到七夕节，都会想到将它当做中国情人节在过，原因是它和牛郎织女的传说有着密切关系。实际上，七夕最开始的时候并不是情人节，它是以女性为主体的节日，这一天，女子可以拜访朋友、祭拜织女、切磋女红、乞巧祈福，所以七夕又被叫做"女儿节"。这天，男子也会在旁边看女子举办的这些活动，凑个热闹，而男女定情只是七夕节的副产品。

文献中最早出现"牵牛""织女"记载的，是西周的《诗经·小雅·大东》："维天有汉，监亦有光。跂彼织女，终日七襄。虽则七襄，不成报章。睆彼牵牛，不以服箱。"这时的牛郎织女还只是天上二颗被人格化了的星辰，可见牛郎织女传说最初来源于人们对星辰的敬畏和崇拜。

到了战国晚期，根据《日书》中的记载，这时出现了牛郎织女的婚姻是场悲剧的说法。"戊申、己酉，牵牛以取织女而不果。不出三岁，弃若亡。"意思是说，戊申、己酉，牵牛迎娶织女的婚姻非常不幸，若人们在这种时候结婚，丈夫三年内会离弃妻子。

汉朝时出现了牛郎织女相爱而不能团聚的说法，《古诗十九首》中记载着："迢迢牵牛星，皎皎河汉女。纤纤擢素手，札札弄机杼。终日不成章，泣涕零如雨。河汉清且浅，相去复几许。盈盈一水间，脉脉不得语。"

为什么牛郎织女的传说，或者说女子的节日这天要定在七月初七呢？我国古代传说中，女娲在造万物时，第七日造出了人，所以"七"是一个非常吉利的数字。生活中的很多事物都和"七"有关，人有七窍，音乐有七个音符，天上有七仙女等。

《黄帝内经》中也将"七"定为女子的生命之数：女子七岁齿更发张，二七就发育有了月事，为生育做好了准备，三七四七都是身强体健之时，五七身体渐渐衰弱，六七开始生白发，七七天癸竭，生育能力终止。

"七"既很吉利，又对女子有着与众不同的意义，所以就将两个七叠加起来成为节日。

真正将牛郎织女故事完善是在南朝时，民间传说中织女成为天帝之女，嫁到河西，但织女婚后消极怠工，天帝怒，责令归河东，使牛郎织女一年相会一次。牛郎织女的爱情故事是有现实基础的，是中国"男耕女织"生产生活方式的产物。

南朝人过七夕有一个乞巧的活动，这个活动还延续到了唐朝。《开元天宝遗事》中记载了宫中的盛大乞巧仪式，唐玄宗与杨贵妃在华清宫游宴，七月七日夜，宫女们盛陈瓜果、鲜花、酒馔，列于庭中，乞求于牵牛、织女，又各捉蜘蛛，闭于小盒中，第二日视蛛网稀密，密者言巧多，稀者言巧少，引得民间纷纷效仿。

宋朝之后，七夕节进一步发展，节日气氛非常浓厚。宋朝的妇女们除了陈列瓜果、穿针乞巧之外，还会在七夕时用水浸绿豆、小麦，生芽数寸，以红蓝丝绳束之，称为种生。此外还在庭院中盖彩楼，称为乞巧楼。孩子们在七夕也可以参与乞巧活动，男孩乞聪明，女孩乞巧。

七夕从传统的女性节日转变为情人节是文人的功劳，历朝历代将七夕和爱情联系在一起的诗篇风起云涌，光是唐代就留下了八十多首以七夕为题的诗，宋朝更是超过了两百首。

随着诗词的流传，牛郎织女的"自由恋爱"也让人们感受到了一种美好的光芒，于是，之前的一些乞巧习俗就渐行渐远了，渴望爱情的精神层面的东西得以传承了下来。

到了明清时期，北京地区的七夕将穿针习俗变为丢巧针，乞巧时间也从晚上变成了正午。

女子乞巧时，将装满水的碗放在正午的阳光下，再将绣花针放在碗里浮起来，如果针在水中的影子如花似云，或呈鸟兽形，就认为"乞得巧"；如果影子粗笨似槌，或弯曲不成形，就认为"乞得拙"。

传统习俗

乞巧

七夕乞巧，判定乞巧者巧拙的"卜巧"方法，主要有"穿针乞巧""喜蛛应巧""对月穿针""兰夜斗巧"和"投针验巧"等。穿针乞巧是最早的乞巧方式，始于汉朝，《西京杂记》："汉彩女常以七月七日穿七孔针于开襟楼，俱以习之。"穿针乞巧，也叫赛巧，即女子比赛穿针，她们结彩线，穿七孔针，谁穿得越快，就意味着谁乞到的巧越多，穿得慢"输巧"的人要将事先准备好的礼物送给得巧者。五代王仁裕《开元天宝遗事》说："宫中以锦结成楼殿，高百尺，上可以胜数十人，陈以瓜果酒炙，设坐具，以祀牛、女二星。嫔妃各以九孔针、五色线，向月穿之，过者为得巧之候。动清商之曲，宴乐达旦。士民之家皆效之。"

还有一种喜蛛应巧，大致起于南北朝之时，即妇女把一种小型蜘蛛（古称果子）放在一个盒子中，以其织网疏密为巧拙之征。织得密则说明妇女手巧，织得疏则说明妇女手拙。《荆楚岁时记》："七月七日为牵牛织女聚会之夜。是夕，人家妇女结彩缕，穿七孔针，或以金银鍮石为针，陈几筵酒脯瓜果于庭中以乞巧，有喜子网于瓜上则以为符应。"

拜织女

织女在民间传说中是一个心灵手巧的仙女，每到七夕时，少女、少妇们都会约上自己的三五好友一起拜织女。仪式是：在月光

下摆一张桌子，桌子上放着茶、酒、水果、鲜花等祭品，再放上一个小香炉。

约好参加拜织女的少女和少妇们提前斋戒一天，沐浴好，准时到主办人的家里来，焚香礼拜后大家在桌子前围坐好，一边吃花生、瓜子等零食，一边对着织女星默念自己的心事。比如希望长得漂亮或者嫁个如意郎君等，都可以向织女星默默祈祷，一般玩到半夜才会各自散去。

拜魁星

魁星，又称奎星，和古代奎宿崇拜有密切的关系。奎宿为星官的名称，为二十八宿之一，古人认为他是主管文运的神，遂对其加以崇拜。东汉时已有"奎"主文章的信仰，并常以"奎"称文章、文运，如称秘书监为"奎府"，称皇帝写的字为"奎书""奎章"。因为魁星掌主文运，所以与文昌神一样，深受读书人的崇拜。传说他那支笔专门用来点取科举士子的名字，一旦点中，文运、官运就会与之俱来，所以科举时代的读书人将其视若神明。

唐宋时，皇宫正殿的台阶正中石板上，雕有龙和鳌的图像。如考中进士，就要进入皇宫，站在正殿下恭迎皇榜。按规定，考中头一名进士的才有资格站在鳌头之上，故有"魁星点斗，独占鳌头"之誉。

农历七月初七，俗称"魁星生日"。想求取功名的读书人一定要在七夕这天祭拜，祈求他保佑自己考运亨通。

"拜魁星"仪式和拜织女相类似，亦在月光下举行。在家中阳台下，仰对星空，摆好

神案，上面需要净水三杯，香炉一个，香用沉香为宜。备好蜡纸、香花、香茶、水果两样，然后净手对魁星的画像，或者设置牌位，牌位供俸"文昌梓潼帝君、九天司命真君、扶文启运魁斗星君"神位。神位用红纸墨汁书写，上香叩拜，默念魁星宝诰三遍。然后祈祷说出自己名字生辰（为别人祈求就说他人的名字生辰）和"弟子谨以鲜花果酒之仪供奉敬献于文昌帝君，九天司命真君，扶文启运魁斗星君。座前，祈文昌高照，文星武星照临，佑弟子灵气降神，文华清秀。神识通明，智慧聪灵，心光自然，进修德业"，然后磕头礼拜。待香尽后，烧化纸钱，再将茶水倒于阳台外即可。

种生

旧时祈求生育的习俗。在七夕前，将绿豆、小豆、小麦等浸于碗中，等它长出数寸的芽，在七夕当日以红、蓝丝绳扎成一束，作为一种得子得福的象征，称为"种生"。还有用蜡塑各种形象，如牛郎、织女故事中的人物，或秃鹰、鸳鸯等动物，放在水上浮游，称之为"水上浮"。这些都是祈子求福的习俗。

吃巧果

巧果，又名"乞巧果子"，是一种油炸小点心，《东京梦华录》中称之为"笑靥儿""果实花样"。因"巧"和"桥"谐音，因此人们认为在七月七日这天吃巧果，不仅能帮助牛郎和织女在鹊桥上相会，而且自己的心愿也能通过"巧"（桥）来实现。

北宋时期的巧果品种极多，主要原料是油、面、糖、蜜。将发面团放入具有梨、茄、瓜、小鸡、蟹、虾等各种图案的木模中，将成形后的小饼油炸或烙食。有些巧果还被点染为七色，有的以红色点染，用长线穿成串，尾端系沙果或花布，挂于壁间，以为装饰和零食，也有穿成一环挂在小儿项间取乐的。相传七夕节晚上，妇女儿童将巧果抛掷屋背，喜鹊衔去搭桥，让牛郎织女夜渡银河相会。

关于巧果，还有个美丽的传说。相传很久以前，有一位姑娘叫小巧，她非常同情牛郎和织女的凄美爱情，于是在每年的七夕之夜，小巧都会做一种精致的小点心，焚香供奉，希望牛郎和织女能在天上相见。当地的土地公被小巧的诚心所感动，将此事汇报到了天庭。玉帝碍于天规无法赦免牛郎织女，但是非常感谢小巧的心意，于是令月老牵线，促成小巧的美满姻缘。

此后，小巧和意中人厮守一生，夫妻不离不弃，和和美美，受到众人羡慕。不少女孩子也向小巧学习，在每年的七夕制作形状各异的小点心，祈求姻缘美满，幸福一生，这种点心也被称为"巧果"，流传至今。

故事传说

牛郎织女

牛郎织女的传说是一个千古流传的爱情故事，也是我国四大民间爱情传说之一。

相传在很早以前,南阳城西牛家庄里有个聪明又忠厚的小伙子叫牛郎,父母早亡,只好跟着哥哥嫂子度日,嫂子马氏为人狠毒,经常虐待他,逼他干很多的活。

一年秋天,嫂子逼他去放牛,给他九头牛,却让他等有了十头牛时才能回家,牛郎无奈只好赶着牛出了村。

牛郎独自一人赶着牛进了山,在草深林密的山上,他坐在树下独自伤心,不知道何时才能赶着十头牛回家,这时,一位须发皆白的老人出现在他的面前,问他为何伤心,当得知他的遭遇后,笑着对他说:"别难过,在伏牛山里有一头病倒的老牛,你去好好喂养它,等老牛病好以后,你就可以赶着它回家了。

牛郎翻山越岭,走了很远的路,终于找到了那头有病的老牛。他看到老牛病得厉害,就去给老牛打来一捆捆草,一连喂了三天,老牛吃饱了,才抬起头告诉他:自己本是天上的灰牛大仙,因触犯了天规被贬下天来,摔坏了腿,无法动弹,自己的伤需要用百花的露水洗一个月才能好。牛郎不辞辛苦,细心地照料了老牛一个月,白天为老牛采花接露水治伤,晚上依偎在老牛身边睡觉,到老牛病好后,牛郎高高兴兴赶着十头牛回了家。

回家后,嫂子对他仍旧不好,曾几次要加害他,都被老牛设法相救,嫂子最后恼羞成怒把牛郎赶出家门,牛郎只要了那头老牛相随。

一天,天上的织女和诸仙女一起下凡,在河里洗澡,牛郎在老牛的帮助下认识了织女,二人互生情意,后来织女便偷偷下凡,来到人间,做了牛郎的妻子。织女还把从天上带来的天蚕分给大家,并教大家养蚕,织出又光又亮的绸缎。

牛郎和织女结婚后,男耕女织,情

深意切，他们生了一男一女两个孩子，一家人生活得很幸福。但是好景不长，这事很快便让天帝知道，王母娘娘亲自下凡来，强行把织女带回天上，恩爱夫妻被拆散。

牛郎上天无路，还是老牛告诉牛郎，在它死后，披着它的皮就可以上天。牛郎按照老牛的话做了，拉着自己的儿女，一起腾云驾雾上天去追织女，眼见就要追到了，岂料王母娘娘拔下头上的金簪一挥，一道波涛汹涌的天河就出现了，牛郎和织女被隔在两岸，只能相对哭泣流泪。

他们的忠贞爱情感动了喜鹊，千万只喜鹊飞来，搭成鹊桥，让牛郎织女走上鹊桥相会，王母娘娘对此也无奈，只好允许两人在每年七月七日于鹊桥相会。

后来，每到农历七月初七，相传牛郎织女鹊桥相会的日子，姑娘们就会来到花前月下，抬头仰望星空，寻找银河两边的牛郎星和织女星，希望能看到他们一年一度的相会，乞求上天能让自己像织女那样心灵手巧，祈祷自己能有称心如意的美满婚姻，由此形成了七夕节。

"七娘妈"诞辰

在闽南和台湾，七夕节又是"七娘妈"的诞辰日。民间十分盛行崇拜七娘妈，她被奉为孩子平安和健康的保护神。

过去闽南人漂洋过海到台湾或异国他邦经商、谋生，大都多年不能归，妇女们只好把所有的希望都寄托在孩子身上，有了希望才有生活下去的勇气。所以，七夕这一相思传情的节日又演变成拜"七娘妈"。每年这天，人们三五成群到七娘妈庙供奉花果、脂粉、牲礼等。

这天，台湾民间还流行一种"成人礼"，即孩子长到满15岁时，父母领着他带着供品到七娘妈庙酬谢，答谢"七娘妈"保护孩子度过了幼年、童年和少年时代。在这一天，台南地区要为16岁的孩子"做十六岁"，行成人礼。台湾民众认为，小孩在未满16岁之前，都是由天上的仙鸟——鸟母照顾长大的。鸟母则是由七娘妈所托来保护孩子。

婴儿出生满周岁后，虔诚的母亲或祖母就会抱着孩子，带上丰盛的祭品，另加鸡冠花与千日红，到寺庙祭拜，祈愿七娘妈保佑孩子平安长大，并用古钱或锁牌穿上红包绒线，系在颈上，一直戴到16岁，在七夕节那天拿下锁牌，并到寺庙答谢七娘妈多年的保佑。

历史典故

花心后主南唐李煜

南唐后主李煜多才多艺，工书善画，通音晓律，能诗擅词，尤以词的成就最大。他既是风流才子，也是亡国之君，最后客死开封。他生于公元937年七夕，死于公元978年七夕，是历史上唯一生于七夕、死于七夕的皇帝。

客观说来，李煜这个皇帝还算不上是昏庸无道，作为一个文人，李煜可谓是里程碑式的人物。今人谈起词来，无论如何都不可能绕过他。可是作为一个男人，李煜只能算是一个花心男。

可能许多人都曾为他和大小周后的爱情故事动容过，觉得身为帝王，又颇具才华，和这样的男子在一起，简直是梦一般的事情。大小周后刚开始可能也是这样想的，可日久见人心，时间长了才知道李煜的人品。

当初李煜先纳了大周后，对她可以说是百般宠爱。夫妻两人同卧同起，同行同游，一起沉迷于音乐的世界中。可造化弄人，本是最好的年纪，大周后却得了病。本来妻子得了病，当丈夫的应该照顾才是，而李煜却在这时和大周后的妹妹小周后有染。病都快好了的大周后就这样被李煜的无情给活活伤心死了。

李煜在得到一位比大周后还惊艳的女子之后，就此沉迷在小周后的温柔乡中，两人琴瑟和鸣更是只羡鸳鸯不羡仙。可惜好景不长，不久他的国家彻底被灭了。没有勇气自杀的李煜选择了投降苟活，他带着小周后来到了开封。

后来皇帝赵光义看上了李煜的小周后，李煜竟然还真就把小周后给了赵光义。半个月后，赵光义才把小周后还给李煜。

李煜最终在七夕这天被赵光义毒死了，连死都死在了这么浪漫的一个节日，李煜也算得上是有始有终了，这一生都这么具有浪漫主义色彩。

诗词文化

七夕
［唐］白居易

烟霄微月澹长空，银汉秋期万古同。

几许欢情与离恨，年年并在此宵中。

白居易，字乐天，号香山居士，又号醉吟先生，祖籍山西太原，唐代伟大的现实主义诗人。他的诗歌题材广泛，形式多样，语言平易通俗，有"诗魔"和"诗王"之称。

某年七夕之夜，作者抬头看着明月与长空，感慨历史长河中的七夕都是一样的。每年这天，牛郎和织女都感受着五味杂陈的欢乐和悲苦。乐的是相聚，悲的是离别恨。

本诗从写景入手，先用残月高挂烘托出孤寂的氛围，这种氛围与人物的心境相结合，奠定了伤感的基调。后面由景入情，感叹良宵苦短，这些相思和寂寥都只能由牛郎织女来体会了。

沉醉东风
［元］卢挚

银烛冷秋光画屏，碧天晴夜静闲亭。蛛丝度绣针，龙麝焚金鼎。

庆人间七夕佳令。卧看牵牛织女星，月转过梧桐树影。

卢挚，字处道，一字莘老，号疏斋，又号蒿翁，元代涿郡（今河北涿州）人。著有《疏斋集》（已佚）、《文心选诀》、《文章宗旨》，传世散曲一百二十首。

作者在这首词中巧用杜牧的《秋夕》，为读者绘制了一幅静夜图，并赋予其新的内容和意境。七夕夜晚，月明风清，白银烛台发出的光照亮了画屏，人们静坐在亭子里看牵牛织女星在鹊桥相会，妇女们用蛛丝穿过绣针乞巧，金鼎中烧着龙麝香，人们都在庆祝人间七夕这个佳节，躺下来看牵牛织女星鹊桥相会，月亮飘过梧桐树投下了倒影。

鹊桥仙
［宋］秦观

纤云弄巧，飞星传恨，银汉迢迢暗度。金风玉露一相逢，便胜却人间无数。

柔情似水，佳期如梦，忍顾鹊桥归路。两情若是久长时，又岂在朝朝暮暮。

秦观，字少游，号太虚，别号邗沟居士，学者称其淮海居士，高邮（今江苏）人，苏轼曾戏呼其为"山抹微云君"，北宋婉约词人。秦观是北宋文学史上的一位重要作家，被尊为婉约派一代词宗。他一生坎坷，所写诗词多为寄托身世的沉重题材，感人至深。

这首咏七夕的词，首句就将七夕独有的抒情氛围描写了出来。纤薄的云彩在天空中百般变化，天上的流星也传递着相思的愁绪，我悄悄度过今夜的银河。虽然只能在秋风白露的七夕相会，但胜过人间无数长相厮守却貌合神离的夫妻。两人柔情似水，互诉衷肠，这短暂的会面就像梦一样，又到了分别的时候，却不忍心去看那鹊桥。如果两情至死不渝，又何必纠结这片刻的欢愉呢。最后这两句词揭示了爱情的真谛，爱情要经得起长久分离的考验，这也成为爱情颂歌中的千古绝唱。

中元夜

［唐］李郢

江南水寺中元夜，金粟栏边见月娥。
红烛影回仙态近，翠鬟光动看人多。
香飘彩殿凝兰麝，露绕轻衣杂绮罗。
湘水夜空巫峡远，不知归路欲如何。

中元节，也称鬼节、七月半、盂兰盆节，主要习俗是祭祀先人。中国大多数地域是在农历七月十五过中元节，也有少部分地域的习俗认为七月十四是中元节。

中元节原本是小秋，是农作物成熟的节令。根据习俗，农作物熟了就要祭祀祖先，用新米来供奉，感谢祖先保佑，使得今年风调雨顺，有个好收成。

民间信仰认为，阴间由地官大帝管辖，农历七月十五是地官大帝的生日，这天要打开阴间或地狱之门，这样祖先、鬼魂都会来到人间，而形成祭祖节。

源流演变

农历七月十五，既是道教的中元节，又是民间的鬼节，还是佛教的盂兰盆节，它体现了佛文化、道文化和民俗文化的融合。

据记载，梁武帝萧衍最早遵循《佛说盂兰盆经》举行盂兰盆节仪式，自那之后，历代帝王都在盂兰盆节时举行活动以报父母和祖先恩德。

宋朝之后，人们依然会在盂兰盆节时举行活动，但目的从报恩演变成了超度亡者。盂兰盆是梵语的音译，它的本义是"倒悬"，比喻亡者的痛苦像倒悬一样。传说释迦牟尼著名的十大弟子之一目连用天眼通看到亡母在饿鬼道中受苦十分伤心,就用钵盂为母亲盛饭,但饭未入口就化为灰烬。目连求助于释迦牟尼佛,释迦牟尼说,必须在农历七月十五众僧结夏安居功德圆满之日,为七世父母和现在父母备办百味饭食,置于盆中,供养十方僧众。七世父母就是指今世加过去生的六世在六道轮回时各道的父母,实质是"一切众生"的代名词。这样,七世父母得离饿鬼之苦,现在父母也可添福添寿。

　　道教认为,一年应该分为上下两半,因为构成世界的基本元素分别是天、地、水,所以道教将上半年称为天官,农历正月十五被称为上元节,举行的是赐福的仪式;下半年称为地官,农历七月十五为中元节,主要为赦免亡魂的罪;地含水,水作用于地,所以将下半年的中段——农历十月十五称为下元节,这天主要是为有过失的人解除厄运。

　　在道教传说中,中元节时地官拿出花名册,根据神仙、凡人、动物的表现,勾画赦罪免刑之日,所以民间在这天会举行一些祭祀活动,拯救孤魂野鬼。

　　在民间传说中,每年农历七月初一开始,阎王就下令开地狱之门,让鬼魂可以在人间游荡几天,所以人们将农历七月称为"鬼月"。七月被人们认为是不吉利的月份,七月十五是阴气最重的一天,所以当晚不宜出门,以免撞鬼。

　　从梁武帝时期开始的中元节文化到宋朝基本定型,流传至今。

传统习俗

祭祖

农历七月十五时,盛夏已经过去,天气刚刚

开始转凉,气温适宜。民间相信祖先会在这时回家探望子孙,所以需要祭祖。

祭祖仪式并不限定在某一天,一般是在七月中旬傍晚时分。平时对祖先进行祭拜,一般都不会动其牌位。到了中元节这天,则要把先人的牌位一个一个请出来,恭恭敬敬地放在专门的桌子上,然后再在每一位先人的牌位前插上香,每天早、中、晚供上三顿饭,直到七月三十日,再将祖先的牌位送回去。

如果有先人的画像,也要请出来挂上,祭拜时,按照辈分和长幼次序给先人磕头,默默向先人汇报自己这一年的言行,请求其保佑自己平安健康。在将祖先送回去时,要烧纸钱和纸做的衣物。

在江西和湖南的一些地区,中元节是比清明节、重阳节更重要的祭祖日。

吃鸭子

中元节要以鸭子为祭品祭祀祖先,也要吃鸭,但是关于为什么要吃鸭子有几种不同的说法。

中元节也是祭祖节,不能用鸡做祭品,因为古代人认为鸡的爪子往后刨,会把人们给祖先送去的钱物都刨出来,这样就送不到先人手中了,所以就派鸭子做祭祀的使者。而且去阴间要过河,河上只有一座奈何桥,桥上太拥挤,使者和赶去投生的鬼魂挤作一团,鸭子可以带着给祖先的祭品直接游到对岸,所以中元节当天的祭品以鸭子为主。祭祀活动结束后,剩下的鸭子就被人们"散福"了,所以就流传下来中元节吃鸭子的习俗。

也有传说称古代北方人攻打南方的时候,遇到江河,久不能渡,到七月中旬还没有打下这场仗，北方人就吃鸭子，以祈求能适应水性，久而久之就形成了传统。

还有一种说法是吃鸭可以辟邪，"鸭"和"压"同音，所以人们认为吃鸭子可以压住鬼魂。

不论是哪种说法，都表现了古代人们对灵魂的一种崇拜和祭祀祖先、祈求家人平安的美好愿景。

放河灯

古代民间认为中元节是鬼节，既然是鬼的节日，那就应该张灯结彩为它们庆祝节日。但是人鬼有别，人在阳间，鬼在阴间，陆地为阳，河水为阴，大概是水下神秘黝黑，使人联想到传说中的地狱，所以人们就认为鬼和水有着密不可分的关系。也正因如此，中元节张灯是在水里。

在佛教系统中，七月十五放河灯只是一个很小的项目，不是很重要，但是在民间的中元节习俗中，放灯是很重要的一个环节。放河灯的目的是普度水中的孤魂野鬼，他们死后想托生，但是又找不到路，这时如果他们找到一盏灯，就可以用灯照着，找到转世投生的路。放灯是一件善事，也可以表示活人还没有忘记那些已经死去的亲人。

故事传说

吃鬼头

自从释迦牟尼的弟子目连在七月十五做法事之后,每年的七月十五,凡间都有烧纸钱的活动,开始几年这些活动还真的可以驱邪避凶,阴阳两界相安无事。可是后来情况有变,不只是孤魂野鬼,就连一些小鬼都出来祸害人,它们不仅公然抢夺贡品和纸钱,甚至还会敲诈凡人,弄得人间乌烟瘴气、瘟疫横行,百姓苦不堪言。

有人听说阴间有一位专门打恶鬼的神叫钟馗,大家就想请钟馗。但是钟馗是神仙,百姓们都是普通的凡人,怎么才能将他请过来呢?有人想了个办法,请来钟馗神像,想必钟馗就会随之而来。

又到了七月十五,人们举行祭祀活动时请来了钟馗的神像,钟馗也真的从画像里面出来了。真正的钟馗豹头环眼、相貌奇异、杀气腾腾。相传钟馗原本是凡人,但是才华横溢、正气凛然,死后仍然疾恶如仇,传说中他还曾托梦驱鬼,为唐明皇治病。

钟馗受到百姓们的委托,捉到了许多为非作歹的鬼,还将它们的头拧下来吃了,那些做坏事的鬼都伏法了。钟馗完成

了自己的任务就要离开凡间了，他走时留下了六个字：要镇鬼，吃鬼头。

凡间的人又不会捉鬼，怎么吃鬼头呢？后来聪明的百姓们想到一种办法，将面粉做成鬼头的形状，然后蒸或煮着吃，还要边吃边说："吃鬼头，吃鬼头……"这个办法还真的奏效，那些恶鬼很少再到人间作恶了。

吃鬼头的习俗一直流传到现在，但多数是流于形式了，很少有人知道这个习俗的由来，所谓的鬼头也简化成了包馅团子的样子。

忏悔节

道教传说有一个名叫陈子祷的人，相传他和龙王的女儿结婚后，分别在正月十五、七月十五和十月十五这三天生下了三个孩子，这三个孩子名为"天官""地官"和"水官"。他们长大后分别掌管人间的"赐福""赦罪"和"解厄"。

"三官"法力无边，他们分别会在自己诞辰的当天到人间巡游，检查人们的品质是好还是坏，对于那些道德高、品质好的人，就赐福给他，反之则降罪。

道教随时给人机会改过自新，所以中元节还是"忏悔节"和"赎罪节"。一年中有罪过的人都可以在中元节那天检讨自己，请求宽恕。

中元节这天进行的所有祭祀活动也是为了拯救那些孤魂野鬼，希望来巡视的"地官"饶恕他们所有的罪。

历史典故

慧娘卖纸

蔡伦的哥哥叫蔡莫，嫂子叫慧娘。蔡伦发明造纸术后挣了不少钱，他的哥哥嫂子眼红，慧娘便叫蔡莫去和蔡伦学造纸。可是蔡莫学习没有长性和耐心，还没到出师的程度就急忙开了家自己的造纸店，结果造出来的纸质量非常差，

卖不出去，夫妻二人天天对着一屋子的纸发愁。

后来，慧娘想出了一条妙计，告诉给蔡莫。当天晚上，邻居们听到蔡莫家传出号啕大哭的声音。大家赶快过来，关心地问发生了什么事，这才知道慧娘暴毙了。

第二天早上，蔡莫在邻居面前趴在慧娘的棺材前哭得死去活来，一边哭还一边烧纸，烧着烧着，忽然听到棺材里有响声。

过了一会儿，棺材中突然传出了慧娘的声音："开门，帮我打开，我还阳了。"大家都吓坏了，最后还是蔡莫鼓起勇气叫大家帮他打开棺材盖。

慧娘从棺材中跳了出来，她说到阴间之后，阎王爷让她推磨受苦，因为蔡莫给她烧了很多纸钱，所以她买通了小鬼替她推磨。她又把钱交给阎王爷，结果阎王爷就被她买通了，让她还了阳。

蔡莫故意说道："我没给你送钱啊。"慧娘指着燃烧的火堆说："那就是钱啊！阴间是把纸当钱的。"蔡莫一听，马上去抱来了两大捆纸来烧，说是让阴间的爹娘少受点苦。

邻居们看到这些，都来找蔡莫买纸，没几天，蔡莫的纸都卖光了。

因为慧娘还阳的这天是农历七月十五，所以每到这时，人们都会给祖先烧纸，流传至今。

诗词文化

长安杂兴效竹枝体
〔清〕庞垲

万树凉生霜气清，中元月上九衢明。
小儿竞把青荷叶，万点银花散火城。

庞垲，字霁公，河北任丘人，康熙十四年（公元1675年）中举人，曾在翰林院参与修纂明史。工诗文词翰，善小行楷。著有《丛碧山房文集》。

庞垲辞官归乡之后就在家闭门著书，这首《长安杂兴效竹枝体》是庞垲在中元节当天所作。这首诗形象地描绘了中元节的场景，七月十五的晚上已经不似盛夏那样炎热了，开始有些凉意，月亮高高地挂在空中，小孩们纷纷拿着荷叶灯在结伴游玩，灯火照得整个城市像着火了一样。

在中元节的活动中，放灯是很重要的一环，作者在这首诗中将中元节的盛况和民俗描写得淋漓尽致。

中元日放河灯观盂兰法事
〔清〕弘历

众生度尽更无他，又说盂兰济脱多。遮莫随缘对佳节，宁真著意事禅那。
数声仙梵海天呗，一朵金莲上下荷。却是嫦娥让灯景，中宵才肯擘云窠。

清高宗爱新觉罗·弘历是清朝入关之后的第四位皇帝，年号"乾隆"，是中国历史上最长寿的皇帝。弘历在位期间，清朝到达了康乾盛世以来的最高峰。

中元节又叫做"盂兰节"，这天佛教要举行盛大的仪式，这首诗就写于中元节晚上举行法事的时候。作者看着河里放的荷花一样的灯，想着这佳节盛事会济度多少众生，建多少功德林啊，不禁对这法事多了些敬畏与感慨。

中秋

望月怀远

［唐］张九龄

海上生明月,天涯共此时。
情人怨遥夜,竟夕起相思。
灭烛怜光满,披衣觉露滋。
不堪盈手赠,还寝梦佳期。

　　中秋节又被称为仲秋节、八月半、追月节、团圆节，是中国重要的传统节日之一。中国农历秋季在七、八、九月份，八月在正中，按中国古代"伯仲叔季"的排序，八月又被称为仲秋，而八月十五正好位于八月正中，因此称中秋。

　　中秋节自古便有祭月、赏月、吃月饼等习俗，流传至今，经久不息。中秋节以月之圆兆人之团圆，为寄托思念故乡，思念亲人之情，祈盼丰收、幸福，成为丰富多彩、弥足珍贵的文化遗产。中秋节与端午节、春节、清明节并称为中国四大传统节日。2006年5月20日，国务院将中秋节列入首批国家非物质文化遗产名录。

源流演变

　　中秋节的起源可以追溯到上古先秦，中华文明早期自然崇拜的对象是太阳、月亮、山川，上古中华一直有祭天、祭地、祭日、祭月的礼仪制度。《礼记》中记载："天子春朝日，秋夕月。朝日以朝，夕月以夕。""夕月"就是拜月的意思。说明月亮圆时祭月在当时就已经成为定制。

　　汉魏时期，祭月逐渐走向民间，慢慢从礼法行为演变为民俗。在秋季正中，刚刚获得丰收的人民，聚在一起享受丰收的食物，举行仪式感谢自然馈赠的同时，亦欣赏天上的明月，感慨造物的神奇和人间的圆满，因此中秋渐渐成为民间节日。

进入唐代，社会稳定，人民富足，在中秋时分祭月、赏月颇为盛行，许多诗人的名篇中都有咏月的诗句，中秋节开始成为固定的节日。清代官修大型类书《渊鉴类函》卷二十《中秋三》记载："《唐太宗纪》，八月十五为中秋节，三公以下献镜及盛露囊。"传说唐玄宗梦游月宫，得到了霓裳羽衣曲，民间才开始盛行过中秋节的习俗。每年的这一天，无论是首都长安，还是万里之外的海角天边，无论是宫廷贵族，还是普通百姓，都要和身边的亲朋好友团聚在一起，对月祭祀，载歌载舞，享受一夜的美好时光。

到了宋代，因为商品经济和城市文化的发达，民间对于中秋节更为重视，并出现"小饼如嚼月，中有酥和饴"的节令食品。《东京梦华录》载："中秋夜，贵家结饰台榭，民间争占酒楼玩月，丝篁鼎沸，近内庭居民，夜深遥闻笙竽之声，宛若云外。"

明清两朝的赏月活动，盛行不衰。《燕京岁时记》载："京师之曰八月节者，即中秋也。每届中秋，府第朱门皆以月饼果品相馈赠。至十五月圆时，陈瓜果于庭以供月，并祀以毛豆、鸡冠花。是时也，皓魄当空，彩云初散，传杯洗盏，儿女喧哗，真所谓佳节也。惟供月时男子多不叩拜。"

中秋节也随着汉文化的对外传播，渐渐成为东亚地区一个普遍的节日。

传统习俗

中秋祭月

中秋节本就从祭月的传统演变而来，因此中秋成节之后，在中秋之夜祭月便成为一种从皇室到民间共同的习俗。皇室祭月礼仪繁复、盛大，很多祭月的

祠庙到现在仍有保留，如北京的月坛始建于明世宗嘉靖年间。

宋代起，单纯的祭月习俗开始转变为乞求月神赐福的祈祷，男人祈求功名利禄，女人祈求貌美如仙。到明清时期，祭月的祈求味道仍然浓厚，并也在民间形成了一套相对固定的祭拜仪式。

明代《帝京景物略》记载京城的中秋祭月风俗写道："八月十五日祭月，其祭果饼必圆……家设月光位，于月所出方，向月供而拜，则焚月光纸，撤所供，散家之人必遍。月饼月果，戚属馈相报，饼有径二尺者。女归宁，是日必返其夫家，曰团圆节也。"这段文字描述的就是中秋之夜，京师平民设祭案、供品，对月祭拜的场景。

到了清代，中秋祭月之俗仍存。《清嘉录》载："人家馈贻月饼为中秋节物。十五夜，则偕瓜果。以供祭月筵前。"

吃月饼

月饼是从汉代的胡饼演变过来的。中国早期的饼代指所有面食，比如面条被称为"汤饼"。到了汉代，由于芝麻、核桃等食物传入，中国出现了以核桃等为馅的圆形烤饼，被称为胡饼。

唐代时，胡饼是长安市民很常见的日常饮食，并未特定中秋节食用，胡饼真的衍生出月饼是在宋代。当时，宋朝皇室喜欢吃一种宫廷糕点俗称"小团圆"，其制作方法已经摆脱胡饼而和今天的月饼类似。

"小团圆"从皇室逐渐普及到民间，广受人民的喜爱。苏轼有诗云："小饼如嚼月，中有酥和饴。"这个时候，有匠心别致的糕饼师已经逐渐在"小团圆"的面皮上印上各种图案，已经和今天的月饼不相上下。

在各地月饼中，以广式、苏氏和京式最为有名。

故事传说

嫦娥奔月

传说上古时期有个英雄名叫后羿,他为人民做了很多好事,因此昆仑山上的西王母送给了他一粒仙药,据说人吃了这仙丹可以长生不老,但是后羿一直没有吃,因为他舍不得自己的妻子嫦娥。

后羿有一个弟子逢蒙,他知道了这件事,就趁后羿不在去偷仙丹,结果被嫦娥发现了。逢蒙威逼嫦娥交出仙丹,嫦娥和他百般周旋,但逢蒙始终不肯离开,嫦娥无奈只好一口把仙丹吞了下去。

嫦娥吃了仙丹,突然觉得身子越来越轻,居然飘飘悠悠地飞了起来。嫦娥飞出了家园,飞过了山岗,越飞越高,最后朝着月亮飞去。

后羿外出回来,不见妻子嫦娥,赶忙四处寻找,但到处也找不到,此时,他只见皓月当空,圆圆的月亮上树影婆娑,一个人正站在一棵桂树旁深情地凝望着自己。那不是自己的妻子嫦娥吗?后羿赶忙连声呼唤,不顾一切地朝着月亮追去,可是他向前追三步,月亮就向后退三步,无论怎样也追不上了。

吴刚伐桂

上古时代,有个西河人名叫吴刚,他醉心修道,于是离开家拜访名川大山,四处寻找神仙修道。一晃三年时间过去了,吴刚想念家乡的妻子,于是便收拾行装踏上了回乡的路。

等到了家,吴刚顿时傻了,原来,在他离家修道这几年,家里出了一个重大的变故。

吴刚离家之后,妻子一个人独守空房,无比寂寞,正好此时炎帝之孙伯陵从此地经过,看到吴刚妻子美貌,便勾引了她,两个人私通了三年,吴刚的妻子产下了三个孩子。

一见此景,吴刚顿时火冒三丈,他一气之下杀掉了伯陵,然后丢下妻子离家出走了。伯陵之死触怒了炎帝,于是他将吴刚发配到月亮上,命令吴刚把一颗桂树砍倒,之后才把他放回人间。这颗桂树高达百丈,有几抱之粗,吴刚一天砍不倒,结果等到第二天,他前一天砍断的地方就会愈合,就这样周而复始,吴刚永无休止地在月亮上砍树。

而此时,吴刚的妻子因为对丈夫的愧疚,命她的三个儿子飞上月亮,陪伴吴刚,一个变成了蟾蜍,一个变成了兔子,一个变成了蛇。

历史典故

中秋奏凯歌

明朝中期,倭寇肆虐东南沿海,人民不堪其苦,民族英雄戚继光受命抗倭。大明嘉靖四十一年,戚继光率领戚家军进攻盘踞在福建沿海的倭寇,大军势如破竹,很快攻克倭寇据点横屿。

胜利后戚继光率军凯旋,部队在宁德暂做休整,当时正逢八月中秋佳节,戚继光和全军将士一起赏月,共庆横屿大捷。当时,军纪规定军中不可以饮酒,宴席无以助兴,戚继光于是离席口授一首《凯歌》,教给将士们唱和,以歌代酒,激励士气。

《凯歌》这样写:
万众一心兮,群山可撼。
惟忠与义兮,气冲斗牛。
主将亲我兮,胜如父母。
干犯军法兮,身不自由。
号令明兮,赏罚信。

赴水火兮，敢迟留！

上报天子兮，下救黔首。

杀尽倭奴兮，觅个封侯。

诗词文化

水调歌头
［宋］苏轼

明月几时有？把酒问青天。不知天上宫阙，今夕是何年。我欲乘风归去，又恐琼楼玉宇，高处不胜寒。起舞弄清影，何似在人间。

转朱阁，低绮户，照无眠。不应有恨，何事长向别时圆？人有悲欢离合，月有阴晴圆缺，此事古难全。但愿人长久，千里共婵娟。

苏轼，字子瞻，又字和仲，号铁冠道人、东坡居士，世称苏东坡、苏仙，眉州眉山（今四川省眉山市）人，祖籍河北栾城，北宋著名书法家、文学家、画家，唐宋八大家之一。北宋中期的文坛领袖，在诗、词、散文、书、画等方面取得了很高的成就。

九百多年前，苏轼在山东密州羁旅，适逢中秋，看着天上的圆月，想起远方的亲人，写下了千古名篇《水调歌头》，表达了对胞弟苏辙的无限怀念。作者运用形象描绘手法，勾勒出一种皓月当空、亲人千里、孤高旷远的境界氛围，反衬自己遗世独立的意绪和往昔的神话传说融合一处，在月的阴晴圆缺当中，渗进浓厚的哲学意味，可以说是一首将自然和社会高度契合的感喟作品。

十五夜望月寄杜郎中
［唐］王建

中庭地白树栖鸦，冷露无声湿桂花。

今夜月明人尽望，不知秋思落谁家。

王建,字仲初,颍川(今河南许昌)人,唐代诗人。其诗题材广泛,同情百姓疾苦,生活气息浓厚,思想深刻。

这首诗写于中秋之夜,作者赏月之时。一年之中数中秋的月亮最圆,作者与朋友们相聚庭院,共赏明月,忽然想到了有多少人不能团圆:天空中万里无云,院子里的地上洒满了银白色的月光,树那边偶尔传来几声乌鸦叫。盛开的桂花上水珠点点,是这天凉了,悄无声息地就结了露水。想必这个时候天下人都在望着月亮,不知有多少人像我一样也在思念着远方的人呢!

木兰花慢·可怜今夕月

[宋] 辛弃疾

可怜今夕月,向何处,去悠悠?是别有人间,那边才见,光影东头?是天外。空汗漫,但长风浩浩送中秋?飞镜无根谁系?姮娥不嫁谁留?

谓经海底问无由,恍惚使人愁。怕万里长鲸,纵横触破,玉殿琼楼。虾蟆故堪浴水,问云何玉兔解沉浮?若道都齐无恙,云何渐渐如钩?

辛弃疾,原字坦夫,后改字幼安,号稼轩,山东东路济南府历城县(今济南市历城区)人,南宋豪放派词人、将领,有"词中之龙"之称。与苏轼合称"苏辛",与李清照并称"济南二安"。

面对着明月西沉的景象,作者展开了一系列奇特的想象。一连九个问题,从神奇的宇宙,到深邃的大海,作者用联想构筑了一幅瑰丽的画卷。作者在提问中,创造性地将嫦娥、玉兔和广寒宫融入其中,创造出了极为丰富绚丽的浪漫氛围,让人从望月中获得了美的享受。

九月九日忆山东兄弟

[唐]王维

独在异乡为异客,每逢佳节倍思亲。
遥知兄弟登高处,遍插茱萸少一人。

重阳节，又名九月九、重九。《易经》中把"九"定为阳数之极，"九九"两阳数相重，故曰"重阳"；因日与月皆逢九，故又称为"重九"。

古时民间在重阳节有登高祈福、秋游赏菊、佩插茱萸、拜神祭祖及饮宴求寿等习俗，传承至今，又添加了敬老等内涵，于重阳之日享宴高会，感恩敬老。登高赏秋与感恩敬老是重阳节日活动的两大主题。

源流演变

关于重阳节的起源，有几种不同的说法。第一种说法是先秦时的《吕氏春秋》中记载着："（九月）命冢宰，农事备收，举五种之要，藏帝籍之收于神仓，祗敬必饬。……是月也，大飨帝，尝牺牲，告备于天子。"可见从那时开始，我国就已经有了在九月农作物丰收之际祭祀天神和先祖的活动。但这时重阳节的庆祝形式还只是大家聚在一起祭祀后宴饮。

汉朝时，人们除了聚在重阳节举行大型宴饮活动外，还赋予了节日求长寿的意味。这时道教兴起，有些道士为了追求长生不老而炼丹，企图用药物来延长寿命，受他们的影响，重阳有了求寿之俗。《西京杂记》中称："九月九日，佩茱萸，食蓬饵，饮菊花酒，令人长寿。"由此开始，求长寿和宴饮就成了重阳节的两大主题。

  第二种说法与火有关。尚未开化的古代人总对火有着莫名的恐惧，因而也常常祭拜火神，而且认为火神休眠就代表着漫长的冬天要来了。古代作为季节标志的"大火"星会在九月隐退，这就使以大火星为季节生产标识的古代人失去了时间标准，而他们又将九月称为"内火"时节。所以在"内火"时节，就要举行送走火神的仪式，就像其出现时也要有迎火仪式一样。远古时期是怎样祭祀火神的，我们不得而知，但还是可以从后世的重阳节中找到一些蛛丝马迹。比如我国江南地区在重阳节有祭灶的习惯，灶火就是家居的火神。

  随着生产技术的进步，人们对时间有了新的认识，不再根据大火星来判断时间，九月祭火的仪式也就随之衰落，但是人们对于九月初九还是有着别样的感受。

  这个季节阳气衰减，阴气上升，人们要做好冬藏的准备。就像清明前后人们会为了度过漫长冬季而外出踏青一样，重阳节为了"辞青"，人们也会全家一起去登高避灾，虽然对于重阳节的意义，人们已经有了一个新的解释，但重阳节的民俗依旧传承了下来。

  重阳节最早可以追溯到春秋战国时期，在当时，重阳节是只有皇宫内才会庆祝的节日，直到汉朝。相传汉高祖的妃子戚夫人遭到吕后的谋害，她的一名侍女贾氏被逐出宫外，嫁给了一个平民，贾氏就把重阳节的活动带到了民间，从此百姓们也开始过重阳节了。

  魏晋时期的重阳节又加入了赏菊和饮酒的习俗，其中最著名的代表要数陶渊明了，他是出名的爱菊人

士，陶渊明在《九日闲居》的序文中说道："余闲居，爱重九之名。秋菊盈园，而持醪靡由，空服九华，寄怀于言。"这里同时提到了菊花和酒。

到了唐朝，重阳节被定为一个正式的节日，宫廷和民间会一起庆祝重阳节，并在节日期间举行各种各样的活动。

明清时期的重阳节，皇宫上下要一起吃花糕以示庆祝，皇帝还要亲自到万岁山登高秋游。

另外，"九"的谐音是"久"，有长长久久的意思，所以二十世纪八十年代开始，我国的一些地方把九月初九定为"老人节""敬老节"，向全社会倡导尊老、敬老、爱老、助老的风气。

传统习俗

登高

登高活动由来已久，《楚辞》中就已经有了相关记载，汉承楚俗，由此逐渐演变成了重阳节登高的习俗。

以我们现在的理解来说，登高指的就是登山，但是古人为什么要把登山称为登高呢？北宋的《长安志》给出了答案，汉朝的都城是长安，长安附近有一个小高台，每当到了重阳节的时候，人们就会登上小高台去欣赏秋天的美景，因为所登的山是小高台，所以有"登高"的说法。

登高除了辞青外，还有避灾祸的寓意。《易经》中将"六"定为阴数，把"九"定为阳数，古代认为"九为老阳，阳极必变"，所以九月九日不吉利。那时的人们对山神非常崇拜，认为它能让人免除灾害，所以人们在九月九要登山拜神以求吉祥。

另外，古人认为重九时，天气下降，地气上升，天地二气相交，不正之气弥漫。为了避免接触这种不正之气，需要到高处去避一避。

两晋南北朝时期，重阳节是最重要的节日之一，节日活动很隆重。从这时开始，登高的日期就定在了九月九日，上至皇帝，下至百姓，每到这天就都登高野宴。东晋诗人谢灵运为了登高方便，还自制了一种前后都装有铁齿的木屐，人们就称为"谢公屐"。

登高习俗到了唐五代时期愈加盛行，朝廷正式批准民间以重阳为节令，唐中宗还曾在重阳节时率领群臣登高饮酒赋诗。许多文人墨客在重阳登高之后都要写诗作赋，因此在唐诗中，重阳登高的诗篇占有相当大的比重，比较著名的有王维的《九月九日忆山东兄弟》、李白的《九日登巴陵望洞庭水军诗》、杜甫的《九日》等。

登高是重阳节最具标志性的民俗活动，它也体现了人们希望驱邪避灾、生活幸福的美好愿望。

赏菊、喝菊花酒

菊花象征着长寿，魏晋之后，重阳节赏菊赋诗已经成为一种时尚。

九月是菊花盛开的季节，农历九月也被称为"菊月"，重阳节又叫做菊花节，重阳赏菊早在晋朝就成了重阳节的重要习俗。宋朝的《东京梦华录》卷八中记载："九月重阳，都下赏菊，有数种：其黄白色蕊若莲房曰'万龄菊'，粉红色曰'桃花菊'，白而檀心曰'木香菊'，黄色而圆者曰'金

铃菊',纯白而大者曰'喜容菊',无处无之。"

在观赏菊花的同时,文人雅士们也不免要尝一尝这新鲜菊花酿成的美酒。汉朝时就已经有了菊花酒,魏时,曹丕曾在重阳赠菊给钟繇,祝其长寿。据《西京杂记》记载,菊花酒的制作是"菊花舒时,并采茎叶,杂黍米酿之。至来年九月九日始熟,就饮焉。故谓之菊花酒"。

到了明清时,赏菊、喝菊花酒仍然流行,沿袭至今。

直到现在,重阳节期间,各大公园也会组织大型菊展,供广大市民和游客观赏。

插茱萸

茱萸又被人们叫做"辟邪翁",是一种常绿带香的植物,有杀虫消毒、祛风寒的功能,还可以消积食、治寒热。以茱萸入药,可以养身祛病。

重阳节插茱萸这一习俗大约起源于晋代。周处的《风土记》载:"九月九日,律中无射而数九,俗尚此月,折茱萸房以插头,言辟除恶气而御初寒。"

唐代重阳插茱萸已很普遍,赋诗会咏的篇章也很多,如杜甫的"明年此会知谁健?醉把茱萸仔细看",朱放的"那得更

将头上发，学他年少插茱萸"，王维的"遥知兄弟登高处，遍插茱萸少一人"。

宋代以后，重阳插茱萸之风逐渐衰落。现在这种习俗已经很少见了。

吃重阳糕

重阳节俗很多，其中有一项不可或缺的是吃重阳糕，尤其是在北方地区，这种风俗尤盛。

从汉朝开始就有吃重阳糕的习俗了，那时的重阳糕被称作"黍糕"或"蓬饵"。到了宋朝，吃重阳糕之风大盛。《东京梦华录》载："（重阳节）前一二日，各以粉面蒸糕遗送，上插剪彩小旗，掺钉果实，如石榴子、栗黄、银杏、松子肉之类。"

清朝宫廷中，重阳节的时候也要举办"花糕宴"，《武林旧事》中写：九月九日重阳节，"都人是月饮新酒，泛萸簪菊，且各以菊糕为馈，以糖肉秫面杂糅为之，上缕肉丝鸭饼，缀以榴颗，标以彩旗。"清《帝京岁时纪胜》载："京师重阳节花糕极胜。有油糖果炉作者，有发面醝果蒸成者，有江米黄米捣成者，皆剪五色彩旗以为标帜。"

故事传说

瘟魔

相传在东汉时期，汝河有个瘟魔，只要它一出现，就有人病倒，天天有人丧命，这一带的百姓受尽了瘟魔的折磨。

有一个青年名叫恒景，一场瘟疫夺走了他的父母，他自己也差点儿因此丧命。于是病好之后，他辞别了心爱的妻子和故乡，决心出去访仙学艺，为民除掉瘟魔。

恒景四处访师寻道，访遍各地的名山高士，终于打听到在东方有一座最古

老的山，山上有一位法力无边的神仙，恒景不畏艰险和路途遥远，在仙鹤指引下，终于找到了那座高山和有着神奇法力的神仙。

神仙为他的精神所感动，收留了恒景，并且教给他降妖剑术，还赠他一把降妖宝剑。恒景废寝忘食苦练功夫，终于练出了一身非凡的武艺。

这一天神仙把恒景叫到跟前说："明天是九月初九，瘟魔又要出来作恶，你本领已经学成，应该回去为民除害了。"神仙送给恒景一包茱萸叶、一瓶菊花酒，并且密授避邪用法，让恒景骑着仙鹤赶回家去了。

恒景在九月初九的早晨到家，他没有独自休息，而是立刻按照神仙的叮嘱把乡亲们领到了附近的一座山上，发给每人一片茱萸叶、一盅菊花酒，做好了降魔的准备。

中午时分，随着几声怪叫，瘟魔冲出汝河，但是瘟魔刚扑到山下，突然闻到阵阵茱萸奇香和菊花酒气，便戛然止步，脸色突变，这时恒景手持降妖宝剑追下山来，几个回合就把瘟魔刺死剑下，从此九月初九登高避疫的风俗就年复一年地流传下来了。

菊花仙子

很早以前，大运河边住着一个农夫叫大牛。大牛家里穷得叮当响,他七岁时父亲就去世了,母子二人靠纺织度日。

大牛母亲因生活艰辛,时常觉得对不起儿子,把眼睛都哭烂了。为治好母亲的眼疾,大牛一边给财主做工,一边起早贪黑种菜,靠卖菜换些钱给母亲求医买药。可是吃了很多药,母亲的眼病仍没有好转。

一天晚上,大牛做了一个梦,梦见一个姑娘来帮他种菜,还告诉他说:"沿着运河往西数十里,有一株白色的菊花,能治眼病。这花要九月初九重阳节才开放,到时候你用这花煎汤给你母亲吃,定能治好她的眼病。"

重阳节那天,大牛带了干粮,去寻找白菊花。他在那里找了很久,只有黄菊花,就是不见白菊花,一直找到下午,才在一个犄角旮旯找到一株白色的野菊花。这株白菊花长得很特别,一梗九分枝,眼前只开一朵花,其余八朵含苞待放。

大牛将这株白菊花连根带土挖了回来,移种在自家屋旁。经他浇水护理,不久八枚花朵也陆续绽开,又香又好看。于是他每天采下一朵白菊煎汤给母亲服用。当吃完了第七朵菊花之后,大牛母亲的眼睛便开始复明了。

这天晚上,大牛又梦见了之前那个姑娘,她说:"我是天上的菊花仙子,特来助你,你要记住下面这首童谣,按照这个方法来种植白菊花。三分四平头,五月水淋头,六月甩料头,七八捂墩头,九月滚绣球。"念完就不见了。

大牛回到屋里仔细想菊花仙子念的童谣,终于明白了其中意思:种白菊要在三月移植,四月掐头,五月多浇水,六月勤施肥,七月八月护好根,这样九月就能开出绣球状的菊花。

大牛根据菊花仙子的指点去做了,后来菊花老根上果然爆出了不少枝条。他又剪下这些枝条去扦插,第二年九月初九重阳节便开出了一朵朵芬芳四溢的白菊花。

后来大牛将种菊的技能教给了村上的穷百姓,这一带种白菊花的人就越来越多了。因为大牛是九月初九找到这株白菊花的,人们就将九月九称作菊花节,并形成了赏菊花、吃菊花茶、饮菊花酒等风俗。

历史典故

孟嘉落帽

东晋初年，中书令庾亮奉命镇守江州，他听说当地有一个大才子名叫孟嘉，心生爱才之心，于是便召来作为参谋，让孟嘉参与军务。

庾亮有一个朋友褚裒在朝廷做太傅，有一次他造访江州，庾亮设宴款待，让江州大小官员作陪。褚裒也是久闻孟嘉的大名，便问道："久仰江州才子孟嘉，不知今日是否出席？"

当时，宴席的次序是按照官爵排定的，孟嘉因为官职比较小，因此座位离主位比较远。庾亮有心试试褚裒的眼力，便让褚裒自己猜谁是孟嘉。

褚裒扫视全场，看到角落时眼前一亮，一下就指出了器宇不凡的孟嘉。庾亮见老朋友能一眼认出孟嘉十分高兴，从此便更加器重孟嘉了。

庾亮死后，桓温出任江州刺史，他对于前任留下的孟嘉也十分看重，任命他为参军。

一年重阳节，桓温带着属下登高饮酒，在龙山设宴。当时，桓温亲信都列席在位，所有人都一身常服，颇有风度。

宴会之上，不知道从哪里吹过一阵风，竟然把孟嘉的帽子吹落在地。在当时，帽子被称为冠，在这样隆重的场合，衣冠不整是非常丢脸的事情。然而孟嘉没有察觉，仍举杯痛饮。

桓温此时顿生幽默之心，他示意大家假装没看见，看看孟嘉如何处理。不一会儿，孟嘉起身离座去上厕所，桓温便趁机让人把孟嘉的帽子捡起来，放在他的席位上。然后命参军孙盛写了一张字条放在旁边，嘲弄孟嘉落帽有失体面。

桓温想，孟嘉一会儿回来看到帽子失落，肯定会无比尴尬，大家正好趁机奚落他一番。结果没想到，当孟嘉回到座位发现自己落帽失礼，并看到这张奚落自己的纸条后，非但没有尴尬，反而不动声色地顺手拿起帽子戴好。然后不假思索地写成一片答词，文章一气呵成、诙谐幽默、文采飞扬。

答词写好之后献给桓温和满座宾朋传阅，大家看到文章无不击节叹服，一方面佩服孟嘉的风度从容，一方面佩服孟嘉的才气。

诗词文化

采桑子·重阳

毛泽东

人生易老天难老，岁岁重阳。今又重阳，战地黄花分外香。
一年一度秋风劲，不似春光。胜似春光，寥廓江天万里霜。

毛泽东，字润之（原作咏芝，后改润芝），笔名子任，湖南湘潭人。中国人民的领袖，马克思主义者，伟大的无产阶级革命家、战略家和理论家，中国共产党、中国人民解放军和中华人民共和国的主要缔造者和领导人，诗人，书法家。

此词作于1929年的重阳节。当时，毛泽东在福建上杭县城的临江楼上养病，重阳佳节来到，院子里的黄花如散金般盛开。此时毛泽东已经离开红四军的领导岗位，他的梦想和现实再一次发生了位移，因而作了此词。

作者感慨人容易衰老，天却不易老，重阳节年年都有。今天又是重阳节，战场上的菊花还是一样的芬芳。秋风刚劲地吹着，虽然现在的景色不如春天那样明媚，却比春天更为壮美，广阔的江面上泛着白霜。

整首词生机盎然，歌颂了土地革命战争，也显示出了作者豪迈的情怀。

九月九日登玄武山

［唐］卢照邻

九月九日眺山川，归心归望积风烟。
他乡共酌金花酒，万里同悲鸿雁天。

卢照邻，字升之，自号幽忧子，幽州范阳（今河北省涿州市）人，初唐诗人。他与王勃、杨炯、骆宾王以文词齐名，世称"王杨卢骆"，号为"初唐四杰"。卢照邻尤工诗歌骈文，以歌行体为佳，不少佳句传颂不绝，如"得成比目何辞死，愿作鸳鸯不羡仙"等，更被后人誉为经典。

总章二年（公元669年）卢照邻来到益州新都任职。秋冬之间，卢照邻从益州来到梓州。九月九日重阳节，在蜀地任官的邵大震与王勃、卢照邻三人同游玄武山，互相酬唱，这首诗即为卢照邻当时所作。作者的思乡之情飞越了隐约的风烟，远在他乡和朋友喝着菊花酒，看着大雁南飞，心里的悲伤无法言说。游子在外，难免思乡，重阳节登高望远时，思乡之情愈盛。整首诗景中含情、借景抒情，可谓是难得的佳作。

九日齐山登高

[唐] 杜牧

江涵秋影雁初飞，与客携壶上翠微。
尘世难逢开口笑，菊花须插满头归。
但将酩酊酬佳节，不用登临恨落晖。
古往今来只如此，牛山何必独沾衣。

杜牧，字牧之，号樊川居士，京兆万年（今陕西西安）人，唐代杰出的诗人、散文家。杜牧的诗歌以七言绝句著称，内容以咏史抒怀为主，其诗英发俊爽，多切经世之物，在晚唐成就颇高。

这首诗是唐武宗会昌五年杜牧任池州刺史时的作品。九月九重阳节时，作者和朋友带着酒去爬城东南侧的齐山。平日的作者是严肃的、不苟言笑的，但是在节日中登高的喜悦之感冲淡了平日的苦闷，诗人面对着秋天的风景，不自觉露出了笑容，兴致勃勃地折下了一把菊花。即使到了秋天，江南的山还是一片淡淡的青色，人们登上这片青色的顶端往下看，所有的一切，包括刚刚飞来的大雁都映在山下的江水中，这样的秋天让人想要拥抱在怀里。

冬至

小 至

[唐]杜甫

天时人事日相催,冬至阳生春又来。
刺绣五纹添弱线,吹葭六琯动浮灰。
岸容待腊将舒柳,山意冲寒欲放梅。
云物不殊乡国异,教儿且覆掌中杯。

冬至节,又名冬节、长至节或亚岁等,既是二十四节气中一个重要的节气,也是中华民族的传统节日。

冬至节被视为冬季的大节日,在古代民间有"冬至大如年"的说法,冬至又被称为"小年",冬至一到,新年就在眼前,所以古人认为冬至节的重要程度并不亚于新年。

冬至节的主要活动有祭天祭祖、吃饺子等。

源流演变

冬至的历史非常悠久,商朝时,中国人就已经能够通过"圭表日中测影"的方法来测定冬至的日期了,虽然会有两到三天的误差,但是就当时社会而言,这已经是非常先进的技术了。

从冬至可被测量以来,人们就非常重视它。因为冬至和夏至是制定历法的关键,历法制定的准确,可以证明皇帝掌握着天命。

周秦时期,以冬十一月为正月,以冬至为岁首过新年,《后汉书·礼仪志》引蔡邕《独断》说:"冬至阳气起,君道长,故贺。"当时的人们已经知道，冬至是一年中白昼最短、夜晚最长的一天，过了冬至，白昼一天比一天长，阳气回升，是一个节气循环的开始，也是一个吉利的日子，应该举行一些活动进行庆祝。

当时，冬至这天最重要的活动是拜冬，自魏晋以来，一直都按照庆元旦的习俗来过冬至。周密在《武林旧事》中曾描绘过这一场景："朝廷大朝会庆贺排当，并如元正仪，而都人最重一阳贺冬。"

汉唐之后，宫女在冬至后做女红，每天都要多用一根线，民间称为"吃了冬至饭，一天长一线"。从冬至开始"入九"，人们会在这天画一枝梅，上面有八十一个花瓣，名为"九九消寒图"，然后每天用红色涂一瓣，所以冬至也被称为"数九"。

冬至节盛于唐宋。宋朝以后，冬至的节庆活动逐渐成为祭祀祖先和神灵。明、清两代的冬至日，皇帝会到郊外去举行祭天大典，谓"冬至郊天"。清朝的冬至也是非常重要的节日，每年的元旦、冬至和皇帝的诞辰被称为"三大节"，顺治时，朝鲜向清朝派出的使节中有专门的冬至使，会在冬至这天朝见皇帝。

传统习俗

祭天祭祖

冬至节祭祀的重要内容就是祭天祭神。历代王朝在冬至这天都要举行"贺冬"之仪，举行隆重盛大的祭天祭神大典。祭祀活动场面宏大，一般都是在郊外举行，因此又被称为"郊祭"。

明清时期，祭祀活动在古代祭祀仪礼的基础上，更加神圣化，更加隆重。明永乐十八年（公元1420年）在北京南郊建造了天坛，专门用以冬至祭天，清朝则延续了这种做法。

天坛规模宏大，中央为祈年殿、皇穹宇和圜丘，东北为牺牲所，西南为

斋宫。此后，明清冬至祭天大典都在天坛举行。祭天活动十分隆重，冬至前一天，皇帝移驾斋宫，进行沐浴，次日在圜丘举行祭天大礼，所用牛、羊、猪、鹿都是在牺牲所专门饲养的。祭天时，必须穿祭服，升火悬灯，乐奏钟鼓，唱迎神曲，请神牌，行大礼，祈求天神保佑国泰民安。

唐宋时期冬至祭天祭神在民间逐渐演变为祭祖，叫"祭冬"或"拜冬"，并成为祭祖的节日，久之则成为传统民俗。冬至祭祖的形式分两种：一种是室外祭奠，另一种是室内祭奠。

室外祭奠在祖先墓地举行。俗传冬至动土百无禁忌，而其它日子则不宜随便"动土"。因此，人们多选择在冬至这天给祖坟添土或竖碑，传说是给祖先整修居所。添土竖碑后，再在墓前摆符盘，点烛、燃香、烧纸、放鞭炮，向祖先鞠躬行礼致敬，以缅怀祖先功德。

室内祭奠则在家祠举行。冬至日头天晚上开始，事先在宗祠设香案，摆供品，供三牲（猪、鸡、羊或鱼）。到晚上十一点钟左右，由族长或德高望重的长辈主祭，领合族男丁，敬香、上灯、敲磬、鸣炮，按辈分长幼依次拜祭，行三献礼，读祭祖文，祈求全族福寿康宁。

无论是室外祭还是室内祭，祭祖过程中都有聚餐的风习。北方人会在冬至这天吃饺子、馄饨，南方人则会喝红豆粥、吃汤圆。

千百年来，冬至祭祖的民风民俗，无论在北方还是南方，至今仍广泛流传。

吃饺子

老话说"冬至大如年"，我国北方在这天会吃饺子。

北方人说冬至不吃饺子会冻掉耳朵，这里面还有一个典故。相传医圣张仲景辞官回乡那天鹅毛大雪飞满天，寒风入骨。在这样的天气里，有些穷苦百姓们竟然衣不蔽体地蜷缩在一起，很多人的耳朵都冻烂了。

张仲景看到这样的场景非常难过，就让徒弟们搭起了一个临时的棚子，用羊肉、辣椒和一些驱寒的食材放在锅里煮熟，再捞出来剁碎，用面皮裹着

做成耳朵的样子,放进锅里煮熟,然后让那些耳朵冻坏的人都来吃。

结果百姓们吃了之后,耳朵都治好了。后来,每到冬至的时候,人们都模仿张仲景的做法,慢慢就形成了冬至吃饺子的习俗。

拜圣寿

拜圣寿的"圣"指的是孔夫子,拜圣寿就是给孔圣人拜寿。因为古代的人们认为冬至就是"年",过了冬至就长了一岁,称之为增寿,所以就需要举行典礼祭拜孔子。

在祭拜孔子时,有的是悬挂孔子像,有的是设置木主牌位。《清河县志》中记载在祭拜孔子时要烧字纸,因为文人们非常看重写了字的纸,认为用它去擦抹污物是对圣人的不敬和亵渎。所以平时会将写了字的纸收集起来,等到祭孔的时候,把纸烧掉。

除了孔圣人,冬至这天也要宴请教书先生,一般是先由先生带领学生拜孔子的牌位,然后由村子里德高望重的人带领学生拜先生。直到现在,山西的一些地区仍然有冬至要请老师吃饭的习俗。

故事传说

女娲造人

在怀川地区,有一个关于冬至吃饺子的传说。

相传在上古时期,女娲于神农

山抟土造人。到了冬天，天寒地冻，女娲捏出的泥人的耳朵纷纷被冻掉，女娲十分着急。于是，她就用针线把泥人的耳朵重新一个个缝上。

一天，女娲缝好一个泥人的耳朵，把余下的线让这个泥人用嘴咬住，转身去找剪刀，当她拿着剪刀回到泥人身边时，突然想到了一个好主意。

她用一根线，一头拴住泥人的耳朵，一头让泥人紧紧咬在嘴里，如此，泥人的耳朵就不会被冻掉了。

后来，人们在冬至这一天怕冻掉耳朵，也用一根线一头拴住耳朵，一头咬在嘴里。时间长了，就把咬线变成了吃饺子，因为饺子很像耳朵的形状。冬至吃饺子这一习俗便在怀川地区传开了。

冬至馄饨夏至面

老北京有"冬至馄饨夏至面"的说法，其来源可以追溯到汉朝，那时，北方的匈奴常过来骚扰百姓们，使大家惶惶不可终日。

匈奴部落中有浑氏和屯氏两个首领，他们杀人如麻，惨无人道，老百姓对他们恨之入骨，于是就用肉馅包成角儿，取"浑"和"屯"的音，叫做"馄饨"。

百姓们恨匈奴，恨得要吃掉"馄饨"，他们祈求能平息战乱，过上太平日子。最开始做馄饨是在冬至这天，所以这个风俗就流传了下来，每当到冬至的时候，家家户户都吃馄饨。

历史典故

樊哙吃羊肉

冬至吃羊肉的习俗据说是从汉代初期开始的。

樊哙出身贫寒,早年曾以卖狗肉为生计,后来跟随起兵,最终成了大将军。相传,有一年的冬至,已经成为皇帝的刘邦食欲不振,樊哙知道后,煮了上好的羊肉呈给刘邦,刘邦吃后觉得味道特别鲜美,赞不绝口。从那之后,高祖每年的冬至都要吃羊肉。老百姓们也效仿高祖,从此在民间就形成了冬至吃羊肉的习俗。

人们纷纷在冬至这一天,吃羊肉以及各种滋补食品,以求来年有一个好兆头。现在山东滕州一带,这天被称作伏九,节前会给长辈送诸如羊肉等礼品,伏九家家都要喝羊肉汤,都为图个好兆头。

冬至正值冬季,人体的阳气潜藏于体内,身体容易出现手足冰冷,气血循环不良的情况。按中医的说法,羊肉味甘而不腻,性温而不燥,具有补肾壮阳、暖中祛寒、温补气血、开胃健脾的功效,所以冬至吃羊肉,既能抵御风寒,又可滋补身体。

诗词文化

邯郸冬至夜思家

[唐] 白居易

邯郸驿里逢冬至,抱膝灯前影伴身。

想得家中夜深坐,还应说着远行人。

白居易,字乐天,号香山居士,又号醉吟先生,祖籍山西太原,唐代伟大的现

实主义诗人。他的诗歌题材广泛，形式多样，语言平易通俗，有"诗魔"和"诗王"之称。

写这首诗时，作者时年三十三岁，在职秘书省校书郎，冬至这天放假，四处都是过节的浓厚氛围，穿新衣、互赠食物、互相祝贺。整首诗没有华丽的辞藻和新奇的想象，只是用平实的语言来述说自己的思乡之情，真挚动人。

冬 至

[宋]朱淑真

黄钟应律好风催，阴伏阳升淑气回。
葵影便移长至日，梅花先趁小寒开。
八神表日占和岁，六管飞葭动细灰。
已有岸旁迎腊柳，参差又欲领春来。

朱淑真，号幽栖居士，南宋著名女词人，是唐宋以来留存作品最丰富的女作家之一，浙江海宁路仲人，祖籍歙州（今安徽歙县）。与李清照齐名。

这首《冬至》生动形象地描绘了冬至节气的场景。庙堂中的黄钟被风吹得直响，这个节气阴气下降，阳气开始回升，白天也开始变长了。梅花在枝头绽放，岸旁的柳树正为发芽做准备，春天就快要来了。

腊八

腊 日

[唐]杜甫

腊日常年暖尚遥,今年腊日冻全消。
侵陵雪色还萱草,漏泄春光有柳条。
纵酒欲谋良夜醉,还家初散紫宸朝。
口脂面药随恩泽,翠管银罂下九霄。

腊八节,俗称"腊八",即农历十二月初八。"腊八"一词起源于南北朝时期,当时称为"腊日",是用来祭祀祖先和神灵、祈求丰收和吉祥的节日,本为佛教节日,后经历代演变,逐渐成为家喻户晓的民间节日。

　　自从佛教传入中国,各寺院都用香谷和果实做成粥来赠送给门徒和善男信女们。传说喝了这种粥以后,就可以得到佛祖的保佑,因此,腊八粥也叫"福寿粥""福德粥"和"佛粥"。

源流演变

　　腊八节起源于古代的腊祭仪式,起初是祭祀祖先,后佛教传入中原,受其影响,腊八开始佛教化。

　　腊祭仪式是古代年尾的一个重要节日,唐宋之前非常兴盛,唐宋时期腊祭之日的地位开始下降,分化成了两个节日,一个是具有浓郁佛教色彩的腊八节,一个是腊月二十三的祭灶节。

　　最早的腊祭有两种祭祀形式——蜡祭和腊祭。蜡祭主要是祭祀农业神,它的仪式在不断发展变化之中，祭品、祭祀的神灵、祭祀程序等在不同的朝代不尽相同。

周朝时，蜡祭主要祭祀八位农业神，祭品主要是五谷杂粮。到了隋朝，祭祀的神灵增加到了一百位左右，唐朝时持续增加到了一百九十二位，包括了三界各路神仙。蜡祭在古代民众的生活中扮演着非常重要的角色，这是由当时的社会体系决定的，农业是古代人民的主要生产方式，是立国之本，因此那时节日都和农业或自然天气有着密不可分的关系。

腊祭则主要是指祭祀祖先，年终祭祖也是上古时期的主要风俗习惯，感恩祖先的赐予，也祈求祖先的保佑庇护。

蜡祭和腊祭的区别是很明显的，但是春秋战国时期，社会发生巨大变化，原来的秩序打破重组，因腊祭和蜡祭时间很近，所以二者逐渐融合，统称为"腊祭"，"腊月"也由此得名。

先秦时期的腊祭活动会持续很多天，直到南北朝时期腊祭才固定在腊月初八。

腊八节的形成因素中除了腊日节的衰落，还有一个就是佛教的影响。佛教传入我国后，统治阶级大力提倡，使得佛教日益兴盛。因传说释迦牟尼成道日为腊月初八，这天，佛教信徒要举行纪念活动，所以帝王祭祀和佛祖成道便合二为一，腊八节也借此机会扩大了其影响。

唐宋时期，腊日节开始衰落，逐渐被腊八节所取代。这一时期，经济发展迅速，文化繁荣，腊八节的发展和整个社会的发展呈现出同步态势，加上佛教的推波助澜，腊八节迎来了发展的大好时机。

宋朝时，腊八节进一步稳固地位，在这一时期形成了腊八节喝腊八粥的习俗，腊八粥也由此成为腊八节的主要标志。

清末，中国社会进入动荡不安的年代，废除旧传统、学习新思想的改革呼声越来越高，腊八节难逃被改革的命运，呈现出衰落趋势。

传统习俗

喝腊八粥

腊八节这天流传最广、最被大家所喜爱的习俗就是喝腊八粥了。腊八粥其实是一种宗教节日美食，意为佛粥。

佛教传入我国后，各地兴建寺院，煮粥敬佛的活动也随之盛行，尤其是到了腊月初八。宋朝吴自牧撰《梦粱录》载："此月（十二月）八日，寺院谓之腊八。大刹等寺，俱设五味粥，名曰'腊八粥'。"周密《武林旧事》云："寺院及人家，用胡桃、松子、乳蕈、柿栗之类作粥，谓之腊八粥。"

今天的腊八粥和佛家腊八粥相比，更加色美味香，还象征吉祥福寿，喜庆丰收。制作腊八粥的食材因地域和年代的不同而稍有差异，但大多包括米豆和果品两类，而且分别有些寓意，像百合代表百事和睦、桂圆表示富贵团圆、核桃意味着和和美美。

腊八粥熬好后，要先供奉神灵和先祖，然后全家人才可以享用。部分地区还有施粥的风俗，腊八当天只要有乞讨者上门，就要为了积德而舍饭。

做腊八蒜

我国很多地区有制作腊八蒜的习俗，这最早和收账有关。商家会在腊八这天清点账目，俗称"腊八算"。另外，快要过年了，债主也会在这天去要债，腊八一大早，债主就派伙计给欠债的人家送去账单，还有的会一起送些"腊八蒜"，暗示欠债人该算账了。

做腊八蒜的材料也是有讲究的，以前是用紫皮蒜，因为这种蒜又小又脆，容易入味又不会打蔫。剥皮后的蒜用水洗过后晾干，加醋、封口，放在屋子里。等到除夕晚上吃饺子的时候，腊八蒜就差不多腌好了，到时候将瓶口打开，全家一起吃。

驱灾避病

腊八节驱灾避病来源于"大傩","大傩"是古代腊月驱逐疫鬼的仪式。傩仪始于商周至战国时期,一般在腊月及其他时间,举行一系列傩仪驱疫。汉代以后,傩仪集中在腊八或除夕举行。

随着时间的流转,驱疫辟邪的形式也在不断变化。有些地区会在腊八这天沐浴,一方面是为了清洁,但主要是为了去除身上的邪气,赶走周围一切不吉利的事物,祈求身体健康。

而像山东的一些地区,会用荞麦面、菜叶、朱砂和兔子血混合煮熟成丸状,让小孩吃了解毒;庆云等地则会给女孩穿耳眼,他们认为"腊八腊八,穿耳不发"。

祭祀

汉代的腊八节就像现在的除夕一样重要,人们会举行盛大的仪式祭祀祖先和神灵,表达人们对过去一年里保佑自己的祖先和神灵的感谢,也希望新的一年里可以继续得到他们的庇护。所以,腊八粥熬好之后,第一件事就是祭祖,然后才能全家一起享用,或送给亲戚朋友。

在对神灵和祖先的祭祀过程中,人们表达出了祈求平安幸福、万事如意的美好愿望和面对未来的勇气。

故事传说

腊八粥的来历

相传释迦牟尼小时候就非常聪明,是国王父亲眼中最重视的儿子,因此父亲曾许诺以后会将王位传给他。

但释迦牟尼从小就对将人划分成三六九等的神权制度和统治非常不满,因为心里想着那些受苦受难的老百姓，他整日寝食难安，终于在二十九岁那年十二月八日的晚上，偷跑出了皇宫，踏上了寻找帮助人们的道路。

释迦牟尼开始了修行，这期间，他每天只吃一点麦子，喝一点水，等到修行期满的时候，他已经骨瘦如柴了。

一天，他终于支撑不住倒在了河边，结果被一个放牧的女孩发现了，姑娘将自己带的几种粮食用牛奶和泉水煮成粥喂释迦牟尼，他醒后继续到树下修行。

终于在他三十五岁那年的十二月八日晚上立地成佛，找到了帮助世人摆脱苦难的方法。人们为了纪念释迦牟尼，就将他得道的日子定为腊八节，并在腊八节这天学着那个女孩煮腊八粥。

历史典故

朱元璋和腊八粥

有一种传说称腊八粥是明朝开国皇帝朱元璋发明的。

朱元璋的家乡在安徽凤阳，小时候家里非常贫穷，为了减轻家里负担又维持生计，他只好到地主家放牛。那家地主既凶狠又刻薄，只要稍有差错，他就对朱元璋又是骂又是打，还常常不给饭吃，让他挨饿。

有一次，朱元璋牵着老水牛过独木桥，这桥板太窄，老水牛一脚踏空，跌下桥去，摔断了腿。虽然这不是朱元璋的错，可是狠毒的地主还是将他暴打了一顿，关在一间堆放杂物的破屋子里，不给他饭吃。

正在他感到绝望的时候，一只老鼠从他前面窜过，钻进一个洞里。朱元璋

为了活下去，想着抓老鼠来吃。他找来一把铲子，顺着老鼠洞往里掏挖。挖着挖着，快到洞底也不见老鼠的身影。虽然老鼠已经逃跑了，但是他意外地发现这里是老鼠的粮仓，里面有大米、豆子、粟米、红枣、芋艿等，虽然不多，每样也都有点。

朱元璋喜出望外，连忙捧起来，装在破锅里，又想法请一起帮工的老伯弄了一些水放进去一起煮，结果煮成了一锅杂粮粥，朱元璋一口气吃下去，味道香极了，觉得从来没吃过这么有味道的东西。吃饱了的朱元璋，就地躺下睡大觉，竟做起美梦来了。

后来朱元璋平定天下，做了皇帝，为了纪念被关在破屋中那个特殊的日子，他就把这一天定为腊八节，把自己那天吃的杂粮粥正式命名为腊八粥。

诗词文化

腊八日早漫成

［宋］张即之

簿书方应接一身，减却新计上笔尖。
愧我世无分雨补，为农忧有岁时占。
客因年近思家切，人到心间饮水甜。
昨夜一番乡屋梦，寒梅香处短筇拈。

张即之，字温夫，号樗寮，历阳（今安徽和县）人，宋代书法家。以书法闻名天下，金人尤其珍爱其翰墨。

作者于腊八当天一觉醒来，有感而发写下这首诗，他近些天翻看簿书，发现田地减产，不禁忧从中来。昨晚梦到了家乡，也不知道那里怎么样了。

腊日游孤山访惠勤惠思二僧

[宋] 苏轼

天欲雪，云满湖，楼台明灭山有无。
水清出石鱼可数，林深无人鸟相呼。
腊日不归对妻孥，名寻道人实自娱。
道人之居在何许？宝云山前路盘纡。
孤山孤绝谁肯庐？道人有道山不孤。
纸窗竹屋深自暖，拥褐坐睡依团蒲。
天寒路远愁仆夫，整驾催归及未晡。
出山回望云木合，但见野鹘盘浮图。
兹游淡薄欢有余，到家恍如梦蘧蘧。
作诗火急追亡逋，清景一失后难摹。

    苏轼，字子瞻，又字和仲，号铁冠道人、东坡居士，世称苏东坡、苏仙，眉州眉山（今四川省眉山市）人，祖籍河北栾城，北宋著名书法家、文学家、画家，唐宋八大家之一。北宋中期的文坛领袖，在诗、词、散文、书、画等方面取得了很高的成就。

    熙宁四年（公元1071年），苏轼上书谈新法的弊病，惹怒了王安石，王安石让御史在皇帝面前说苏轼的过失。苏轼就此请求出京任职，于是他被派往杭州任通判。同年十二月，苏轼游孤山时作了这首诗。

    乌云密布，看起来像是要下雪了，层叠的楼台和青山隐约可见。作者漫步在山中，溪水清得可以直接看到水底的石块，里面有鱼在游来游去，旁边的树林里一个人都没有，只有鸟儿在互相喧闹。这天是腊八节，作者不在家陪妻子儿女，而要去寻访僧人。僧人的禅房就在宝云山前面，这里的路曲折难行，位置又偏僻，也只有僧人愿意在这里住了。竹屋幽深又暖和，惠勤和惠思正在蒲团上打坐呢。天气寒冷，路又远，仆夫催我赶快回家，和僧人告别时还不到黄昏。再回头看山里的景色，到处都笼罩着烟云。这次出游虽然很短暂，但我心里很开心。从山里回到家中，就像是从梦里醒来一样。作者急忙写下了这首诗，怕是稍一延迟，山中的清丽景色就从脑海中消失了，再也写不出来了。

祭灶

吴 歈

[清] 蔡云

媚灶家家治酒宴，妇司祭厕莫教前。
刨柴撒豆馂神马，小小篮舆飞上天。

祭灶节,又称小年、灶王节。祭灶的风俗由来已久,民间祭灶,源于古人拜火习俗。《释名》:"灶。造也,创食物也。"灶神的职责就是执掌灶火,管理饮食,后来扩大为考察人间善恶,以降福祸。

自祭灶节开始,春节的喜庆氛围就逐渐浓厚起来。作为过年的开端,祭灶节的地位仅次于中秋节。无论是在外做官,还是考取功名的人,都要赶回家中团圆。祈求灶神保佑,与邻人分享祭灶糖果。

对于祭灶节的概念和日期,不同地区有不同的观点。北方地区认为是腊月二十三,南方地区则认为是腊月二十四。其实不论是二十三,还是二十四,这一节日都是大年的开端,也正因为此,祭灶节又有一个家喻户晓的称呼——"小年"。

源流演变

关于祭灶的风俗,最早可以追溯到先秦时期。灶神作为中国民间普遍信仰的神祇,各个民族都有供奉。早在商朝时期民间就开始供奉灶神,秦汉时期灶神更被列为"五祀"之一,与门神、井神、厕神和中溜神共同负责每家每户的平安。除了掌管人们的饮食外，灶神还是玉皇大帝派遣到人间考察善恶的神官。

关于灶神考察人间善恶的说法，早在春秋时期就流传有"与其媚于奥，宁媚于灶"的说法。孔子在向弟子解释人们"媚于灶"的原因时提到："不然，获罪于天，无所祷也。"晋代葛洪在《抱朴子·微旨》中也有"又月晦之夜，灶神亦上天白人罪状。大者夺纪。纪者，三百日也。小者夺算。算者，三日也"的说法。

关于祭灶节的日期，不同的地方也有所不同。在南宋时期，农历腊月二十三、二十四或二十五会被认为是祭灶节。不同之处在于，官家的祭灶节是腊月二十三，百姓家的祭灶节则是腊月二十四，水上人家的祭灶节则是腊月二十五。

由于在南宋以前，北方始终是中国的政治中心，受官家影响比较明显，所以多在腊月二十三这天过祭灶节。而南方因为远离政治中心，政治气息并不浓厚，所以通常在腊月二十四过祭灶节。鄱阳湖等沿湖居住的居民，保留了水上人家的传统，则在腊月二十五过祭灶节。

在清朝，从雍正年间开始，每年腊月二十三会在坤宁宫祀神，皇帝会亲自祭拜灶王爷。自此之后，王族和贝勒们也纷纷效仿，在腊月二十三祭灶。

每年腊月二十三，清朝皇帝在祭灶神的同时，还会放置天、地神位，皇帝需要在神位前行九拜礼，为新一年祈福。与民间一样，在祭灶时，要用黏糖封住灶王爷的嘴，防止他在玉帝面前说些不好的话。在皇帝向灶君行礼之后，宫殿监会奏请皇后依次向灶君等神位行礼。

传统习俗

祭灶

一般来说，在腊月二十三的晚上，需要举行"祭灶"仪式来为灶神送行。

人们一般会在灶王龛前供上香烛，供桌上摆放好供品。有的地方的人们会在供桌上放一盘剪好的稻草，这是为灶神上天骑的马所准备的草料。

到了腊月二十四，一般是中午时分，还需要在灶王龛前点上香烛，同时摆好供品，进行祭祀。在祭祀完毕后，取下灶神像及对联，拿到屋外和黄纸一同点燃，这便是送灶神上天的仪式，被称为"送灶"。

在腊月二十九或腊月三十这一天，每家每户都会张贴春联，同时也要张贴灶神画像，以及两侧的对联，这个仪式就是"接灶"。一些地方在接灶时，会点燃香枝和蜡烛，并供奉一碗米饭和自家磨好的豆腐，这些供品一直会摆放到二月初二，然后再将米饭倒入河中，发酵之后的豆腐可以用来食用。

随着时间的推移，如今很少有人家再供奉灶神，与祭灶相关的古老习俗正在逐渐退出历史的舞台。

吃灶糖

灶糖就是一种麦芽糖，因为黏性很大，很容易抻拉成形。如果将它抻拉成长条形的糖棍，则称之为"关东糖"，如果将其抻拉为扁圆形的糖球，则称之为"糖瓜"。

灶糖是祭祀灶神的一种供品，目的就是让灶神能够嘴甜一些，在玉帝面前多说好话，让新的一年家中能有一个更红火的光景。

灶糖一般只在小年前后才有出售，在一些东北的农村和城市中，偶有小贩会沿街叫卖。鲁迅曾在《送灶日漫笔》中写道："灶君升天的那日，街上还卖着一种糖，有柑子那么大小，在我们那里也有这东西，然而扁的，像一个厚厚的小烙饼。那就是所谓胶牙饧了。本意是在请灶君吃了，粘住他的牙，使他不能调嘴学舌，对玉帝说坏话。"这里所说的"胶牙饧"就是一种灶糖。

扫尘

祭灶日扫尘最初起源于古代人民驱除病疫的一种宗教仪式，后逐渐演变成为大扫除活动。《清嘉录》载：腊将残，择宪书宜扫舍宇日，去庭户尘秽。或有在二十三日、二十四日及二十七日者，俗呼"打埃尘"。

有民谚："腊月二十四，掸尘扫房子。"所说的就是祭灶节的扫尘活动。扫尘活动一般都在祭灶完成之后再进行，这时候，家中供奉的神祇已经回到了天上，在家里打扫就不怕打扰到家中的神明。

传说故事

灶神传说

古时候有一户张姓人家，这家的老大是个泥瓦匠，老二是个画师。老大最拿手的功夫就是砌灶台，周边的街坊邻居都称赞他的手艺，时间长了，老大就获得了"张灶王"的称号。这个"张灶王"不仅砌灶台的手艺好，还非常爱管闲事，无论是别人家夫妻吵架，还是邻里矛盾，他都要管上一管。所以邻里之间出了什么事情，也都会找他解决。

这位"张灶王"活了七十岁才去世，而他去世这一天正好是腊月二十三日的深夜。"张灶王"去世后，不仅没人再管邻里关系了，连张家自己家里也乱了套。作为一家之主的老大去世，老二又只会写诗绘画，不懂家中营生，几房媳妇纷纷要求分家。张家老二被折腾得愁眉苦脸，不知如何是好。

一天，他想到了一个好点子。在大哥去世一周年的祭日，老二在深夜叫醒全家人。全家人在老二的带领下来到厨房，只见灶台墙壁上扇动着烛光，在烛光之中出现的是"张灶王"和妻子的画像，这让全家人都惊讶不已。

在家人惊讶之际，老二说道："我做梦梦到大哥和大嫂已经飞升成仙，玉帝封大哥为'九天东厨司命灶王府君'，你们平日里不孝不敬，闹得家中不得安宁。大哥知道你们吵着要分家，非常生气，准备上天禀告玉帝，在大年三十的晚上来惩罚你们。"

一家人听到老二的这番话，更加惊恐，纷纷跪地磕头，同时还在灶台上摆满了"张灶王"爱吃的食物，请求"张灶王"原谅。从此之后，这家人再也不敢吵闹撒泼，争着分家了。

这件事逐渐传到了街坊邻居耳中，大家都来到张家探听虚实。其实，所谓灶王神像显灵，只是老二在灶台上绘制了"张灶王"和妻子的画像，用来吓唬家中儿女的。谁知道引来街坊邻居的关注，张家老二只好假戏真做，将自己画好的"张灶王"画像分给了邻居。这样一来，家家户户的灶台上，都贴上了"张灶王"的画像。每年腊月二十三祭拜"张灶王"，也成为了一种祈求平安的习俗。

历史典故

五祀

"五祀"是指中国古代祭祀习俗中所祭拜的五种神祇，在不同的文献中，关于这五种神祇的记载也是有所不同的。

第一种关于"五祀"的说法认为，"五祀"是为了祭祀五行之神。《周礼·春官·大宗伯》中有"以血祭祭社稷、五祀、五岳"的记载，郑玄注："此五祀者，五官之神。"《太平御览》卷五二九引《汉书议》："祠五祀，谓五行金木水火土也。木正曰句芒，火正曰祝融，金正曰蓐收，水正曰玄冥，土正曰后土，皆古贤能治成五行有功者也。主其神祀之。"

第二种关于"五祀"的说法认为，"五祀"所祭祀的是家庭住宅内外的五种神祇。《礼记·月令》中记载："（孟冬之月）天子乃祈来年于天宗，大割祀于公社及门闾，腊先祖五祀。"郑玄注："五祀，门、户、中溜、灶、行也。"汉代王充《论衡·祭意》中记载有："五祀报门、户、井、灶、室中溜之功。门、户，人所出入，井、灶，人所饮食，中溜，人所托处，五者功钧，故俱祀之。"

第三种关于"五祀"的说法认为,"五祀"所祭祀的应该是五类应享受祭祀的功臣。汉代蔡邕在《独断》中提到:"五祀之别名:法施于民则祀,以死勤事则祀,以劳定国则祀,能御大灾则祀,能捍大患则祀。"

在众多关于"五祀"的说法中,认为"五祀"是祭祀家庭住宅内外五种神祇的说法,得到了较多人的认可。

关于"五祀"的具体实行,在不同的典籍著作中,所记载的内容也有所不同。

《礼记·祭法》中记载:"王为群姓立七祀,曰司命,曰中溜,曰国门,曰国行,曰泰厉,曰户,曰灶;王自为立七祀。诸侯为国立五祀,曰司命,曰中溜,曰国门,曰国行,曰公厉;诸侯自为立五祀。大夫立三祀,曰族厉,曰门,曰行。适士立二祀,曰门,曰行。庶士、庶人立一祀,或立户,或立灶。"可以看出,等级越低的人,所祭祀的神祇越少,而在众多被祭祀的神祇之中,门神和灶神是最具有普遍性的。

《礼记·曲礼下》则记载:"天子祭天地,祭四方,祭山川,祭五祀,岁遍。诸侯方祀,祭山川,祭五祀,岁遍。大夫祭五祀,岁遍。士祭其先。"这里又说从天子到士大夫,所祭的"五祀"都是相同的,他们之间是没有等级差别的。而这里所说的"五祀",就是指"户、灶、中溜、门、行"。

灶神

在中国古代神话传说中,灶神是饮食之神。关于灶神的具体身份,我国古籍史料中有过很多不同的记载。

在《庄子·达生》中有"灶有髻"的记载,唐代成玄英疏:"灶神,其状如美女,著赤衣,名髻也。"《礼记·礼器》中则记载:"颛顼氏有子曰黎,为祝融,祀以为灶神。"唐代段成式在《酉阳杂俎》中记载:"灶神名隗,状如美女。又姓张名单字子郭,夫人字卿忌,有六女皆名察洽。常以月晦日上天白人罪状。"《淮南子·氾论训》则有"炎帝作火,而死为灶"的记载。

关于灶神的身份，历代古籍记载皆有不同。但关于灶神所担负的职责，史籍的记载大多是一致的。

《太平御览》卷一八六引《淮南万毕术》记载："灶神晦日归天，白人罪。"郑玄注《礼记·记法》也提到："（灶神）居人之间，司察小过，作谴告者也。"

清代潘荣陛《帝京岁时纪胜·乱岁》记载："廿五日至除夕传为乱岁日。因灶神已上天，除夕方旋驾，诸凶煞俱不用事，多于此五日内婚嫁，谓之百无禁忌。"

清代《敬灶全书》中称灶君"受一家香火，保一家康泰。察一家善恶，奏一家功过"，同时还有"每逢庚申日，上奏玉帝。善恶簿呈殿，终月则算。功多者，三年之后，天必降之福寿；过多者，三年之后，天必降之灾殃。如有曾犯过恶，后自改悔，一旦回头，神钦鬼伏"的记载。

可以看出，除了作为饮食之神外，灶神还负责督查人间过错，向玉帝汇报。也正是因为这一点，人们才会对灶神恭恭敬敬，同时在灶神上天汇报这一天，为灶神摆上贡品，供上好吃好喝的，这也就形成了祭灶的习俗。

在祭灶时，麦芽糖和酒是必不可少的贡品。祭灶的人们普遍认为给灶神喝酒，可以让他忘乎所以，只能说自己的好话。为灶神供奉麦芽糖，是为了让灶神把嘴吃甜，在玉帝面前多说一些好话。另外，麦芽糖可以粘住灶神的嘴巴，让他想说坏话，也张不开口。

随着时间的推移，现在祭灶的风俗已经逐渐淡化。大多数人只知道过小年，却不知道这一天在古时候其实是用来祭拜灶神的。

诗词文化

祭灶与邻曲散福

[宋] 陆游

已幸悬车示子孙，正须祭灶请比邻。

岁时风俗相传久，宾主欢娱一笑新。

雪鬓坐深知敬老，瓦盆酌满不羞贫。

问君此夕茅檐底，何似原头乐社神？

陆游，字务观，号放翁，越州山阴（今浙江绍兴）人，南宋文学家、史学家、爱国诗人。其诗语言平易晓畅、章法整饬谨严，兼具李白的雄奇奔放与杜甫的沉郁悲凉，尤以饱含爱国热情对后世影响深远。

这是其晚年所做的一首祭灶诗词。在旧时祭祀时，"散福"主要是指将祭祀的食品分给大家吃。作为一种风俗传承，作者在祭灶节这天，邀请邻人饮酒纳福。虽然只有瓦盆清供，但众人都不以为意。即使在茅房草屋之中，也和在田间地头祭祀土地神一样热闹。

庚子送灶即事

鲁迅

只鸡胶牙糖,典衣供瓣香。

家中无长物,岂独少黄羊。

  鲁迅,字豫山,后改豫才,原名周樟寿,后改名周树人,浙江绍兴人,著名文学家、思想家,五四新文化运动的重要参与者,中国现代文学的奠基人。该诗创作于1901年送灶日。

  虽然家中生活贫寒,但祭灶的供品不能缺少。典当了家中的衣服来筹办香烛,到最后已经没有什么可以变卖的了。祭品虽然十分简陋,但祭拜灶神的仪式还是不能缺少的。

  作者在送灶日所做的这首诗,不仅真实表现了家庭生活的困顿拮据,也表达出了浓浓的民俗风情。面对这种困顿的局面,作者只能以这种形式来表达自己的不满与牢骚。简陋残破的何止是送灶的仪式啊,真正简陋的是当时穷苦百姓的生活。

除夕

除夜有怀

[唐] 杜审言

故节当歌守,新年把烛迎。
冬氛恋虬箭,春色候鸡鸣。
兴尽闻壶覆,宵阑见斗横。
还将万亿寿,更谒九重城。

旧岁去除，另换新岁，除夕是一年中最末的一天，又称年三十、岁除，是除旧布新、阖家团圆、祭祀祖先的日子。"一年将尽夜，万里未归人。"在中国人心中，作为一年最为重要的日子，即使离家再远，也要赶回家去，与家人团聚。

作为辞旧迎新的重要时间焦点，这一天，家家户户都会张灯结彩，迎亲朋，共团圆。在除夕之日，家家户户都会挂灯笼、吃年夜饭。《吕氏春秋·季冬纪》中记载，古人在新年的前一天，会采用击鼓的方法，来驱赶"疫疠之鬼"，这也是"除夕"节令的由来。

为了迎接除夕和春节，民间甚至从腊月初八的腊祭或腊月二十三、二十四的祭灶开始准备，所以有"进入腊月就是年""过了腊八就是年"的说法。"二十三，糖瓜粘；二十四，扫房子；二十五，磨豆腐；二十六，去割肉；二十七，宰年鸡；二十八，把面发；二十九，蒸馒头；三十晚上熬一宿，大年初一扭一扭，除夕的饺子年年有。"这首北方民谣就很好地说明了老百姓的年前安排。

源流演变

一般认为除夕来自于古代的"大傩"风俗，这是中国民间一种为了驱鬼逐瘟的跳神迷信。在"傩祭"上，人们会戴上各种奇怪的面具，跳着特殊的傩舞，目的就是为了驱除身边的瘟神。

关于"傩祭"的历史，早在先秦时期的文献中就有记载。《论语·乡党第十》中提到"乡人傩，朝服而立于阼阶"。《吕氏春秋·季冬纪第十二》记载："命有司大傩，旁磔，出土牛，以送寒气。"《吕氏春秋》中并没有记录当时的大傩具体在十二月的哪一天举行，但到了汉魏时期，大傩基本被确定在腊日当天或者是前一天。范晔在《后汉书》中记载："先腊一日，大傩，谓之逐疫。"其中的"先腊一日"就是指腊祭的前一天。

从这里并不能看出"傩祭"与除夕有何关联，在时间上也并不吻合。但在历史的渊远长河中，"傩祭"很快就会和除夕碰面了。

虽然在汉魏时期记载的大傩是在腊祭的前一天进行，但在此后的发展中，大傩的日期被逐渐拖延。南朝梁人宗懔在《荆楚岁时记》中提到"正腊旦，门前作烟火、桃神、绞索、松柏，杀鸡着门户，逐疫"，其中的"正腊旦"指的就是腊日当天早晨，而在这一天，人们进行的一系列活动，很显然与大傩的活动相一致。由此可以推断这天开展的活动，正是大傩活动后续演变而来的。

东汉时期的应劭在《风俗通义》卷八《祀典》中记载："县官常以腊除夕，饰桃人，垂苇茭，画虎于门，皆追效于前事，冀以卫凶也。"可以看出，在当时一些驱邪的习俗也会在"腊除"之日晚上来进行。

这样看来，也就有除夕的意味了，但在时间上似乎还是存在出入。"腊日"是指农历十二月初八，也就是现在的腊八节，这与农历腊月三十的除夕还差半个多月时间。那除夕究竟是如何从腊八节转入到春节之中的呢？

在《晋书》卷十九《志第九·礼上》中记载："岁旦常设苇茭桃梗，磔鸡于宫及百寺之门，以禳恶气。"这之中的"岁"就是我们现在所说的春节，可以看出，在当时人们会在春节当天早上举行驱邪仪式。

这样一来，除夕也就离开了"腊除"，成为"岁除"。在《魏书》卷一百八之四中便有北魏时期"岁除大傩之礼"的记载。在《南齐书》卷五十七中，则有"蜡日逐除，岁尽，城门磔雄鸡，苇索桃梗，如汉仪"的说法。这里面提到的"岁尽"一词，正是指代年末的这一天。自此，这个时间也就成为今天我们所过的除夕了。

传统习俗

由于除夕和春节融在了一起，所以除夕和春节的习俗也发生了明显的融合，很多习俗不好分清楚具体属于除夕还是春节，但说到除夕的习俗，大多还是与祭祀、驱除鬼邪有关。

守岁、踩岁

除夕夜，合家点灯熬夜，辞旧迎新，整夜不眠，俗称守岁。《帝京景物略》："……悬先亡影像，祀以狮仙斗糖、麻花馓枝，染五色苇架竹罩陈之；家长幼毕拜，已，各自拜，曰辞岁。已，聚坐食饮，曰守岁。"守岁有许多活动，一方面是饮食，如吃水饺、年糕、瓜果等，一方面是玩游戏，如纸牌、麻将等。

相传守岁是为了防止一种有角猛兽的入侵，而这种猛兽最害怕红色、火光和声响，因此在除夕夜人们会点红灯、贴红纸、燃放烟花爆竹，目的就是为了抵御猛兽。《帝京岁时纪胜》记载:"高烧银烛,畅饮松醪,坐以达旦,名曰守岁,以兆延年。"

古时候的守岁有两种不同的含义:对于年长的老者来说,守岁为"辞旧岁",有珍惜时光的意味;而对于年轻人来说,守岁则是为了延长父母的寿命。

关于守岁习俗的记载,在魏晋时期就已有之。西晋周处在《风土记》中记载:"除夕之夜,各相与赠送,称'馈岁';酒食相邀,称'别岁';长幼聚饮,祝颂完备,称'分岁';大家终夜不眠,以待天明,称'守岁'。"

到了唐朝初期,守岁习俗逐渐盛行。白居易在《客中守岁》诗中写道:"守岁尊无酒,思乡泪满巾。"孟浩然则有"续明催画烛,守岁接长筵"的诗句。

到了宋朝,守岁的习俗大范围传播开来。苏轼在《守岁》中写道:"况欲系其尾,虽勤知奈何。儿童强不睡,相守夜欢哗。晨鸡且勿唱,更鼓畏添挝。坐久灯烬落,起看北斗斜。"

在除夕夜,除了守岁外,我国民间一些地方还会举行踩岁活动。所谓踩岁就是在院子中用芝麻秆粘上黄纸卷成的元宝,攒成一捆后,全家人用脚将其踩碎。因为"碎"与"岁"同音,所以踩碎又有"踩岁"的意味。又以"芝麻开花节节高"所带有的吉祥之意,表达人们对新的一年的祝福和祈愿。

祭祀先祖

祭祀先祖是一项十分隆重的民俗活动,除夕、清明节、重阳节、中元节是中国传统的四大祭祖节日,除夕可以说是这四大祭祖节日中最为隆重的一个。

除夕祭祖一方面是源于"百善孝为先"的传统观念,在新年伊始表达对祖先的尊敬和怀念之情;另一方面则是祈愿祖先可以保佑子孙后代，让子孙后代兴旺发达。

古时候，除夕祭祖一般是在除夕日下午，在全族的祠堂举行。同一姓氏的宗族会着盛装，整个仪式庄重而严肃。现在的除夕祭祖一般是在吃年夜饭之前，在家中的祖先神龛前摆上美酒佳肴，进行祭拜，形式有所简化，但感情依然深厚。

各家各户的祭祖活动首先是前往自家坟茔祭祀，家人将炕桌摆在坟前，炕桌上备好酒菜，家人磕头行礼后，再倒一盅酒在地上，然后将饭菜埋在土里。在整个祭祀过程中，还需要在坟前烧纸。

东汉崔寔在《四月民令》中曾提到："正月之朔，是谓正日。躬率妻孥，絜祀祖祢。"也说明除夕祭祖的活动从很早之前就已经开始。

吃年夜饭

年夜饭最早来源于我国古代的年终祭祀仪礼。在多年发展演变过程中，年夜饭中祭祀鬼神的活动逐渐转变为以祭祀祖先为主。作为每家每户一年年末最为重要的晚饭，除夕的年夜饭可以说是一年之中最为丰盛的晚餐了。年夜饭又称为"团圆饭"，无论男女老幼都要参加，为了这个团圆，外出的家人都要赶在除夕前返回家来，如果没能及时赶回来，餐桌上要给未归人留一个空位、摆一双碗筷，表示全家团聚。

关于年夜饭的记载，南朝梁人宗懔在《荆楚岁时记》记载，在南北朝时期，已经有了吃年夜饭的习俗。在吃年夜饭前，一般要祭祖，祭祖的香烛烧完之后，才可以开饭。餐桌上一般会有鸡（年年有"计"）、鱼（年年有"余"）、生菜（年年"生财"）、腐竹（年年"富足"）等来求个吉利。

由于中国地域辽阔，南方和北方的饮食风俗存在很大差异，这一点在年夜饭上也得到了很好的体现。一般来说，南方除了有一些美味菜肴外，还要吃糍粑和年糕，而北方除了菜肴外，则更多选择吃饺子，比如关东地区一直流传着"穷过年，富过年，不吃饺子没过年"的说法。

压岁钱

压岁钱,一般是长辈分给晚辈的钱,用以"压住邪祟",晚辈得到压岁钱就可以平平安安度过一岁。在历史上,压岁钱是分多种的:一种是由长辈分给晚辈,表示"压祟",包含着长辈对晚辈的关切之情和真切祝福;另一种是晚辈给老人的,这个压岁钱的"岁"指的是年岁,意在期盼老人长寿。

关于给压岁钱的具体时间,各地说法不一。有说是在年夜饭后,有说在新年倒计时的时候,有说是大年初一拜年时。

包饺子

现在的饺子来源于古代的角子,距今已经有一千八百多年的历史。作为深受中国人民喜爱的特色食品,无论是在年节之中,还是在日常生活中,都是非常常见的。

在我国古代,饺子的别称有很多,"交子"就是其中的一种。因为除夕守岁有"更岁交子"的意思,因此,除夕夜吃饺子也成为一种重要的年俗活动。

除夕夜吃饺子的年俗,全国各地略有不同,但其所表达的人们在辞旧迎新之际的美好愿望是相同的。由于交子的形状很像元宝,因此包饺子也有包住福气的意思。

燃放爆竹

燃放爆竹是除夕节日的又一传统民俗。在午夜交正子时,伴随着新一年的钟声,神州大地也是爆竹声声。

在中国民间还有"开门爆竹"的说法,就是在新的一年来临之际,家家户户开门的第一件事就是燃放爆竹,除旧迎新。

《荆楚岁时记》记载:"正月一日……鸡鸣而起,先于庭前爆竹,以辟山臊恶鬼。"可见,爆竹在古代主要是用来驱除瘟邪的工具。那时候的"爆竹"只是将未干的竹子扔入火中,竹子遇火发出爆裂声。到了唐代,一个叫李田的人

将硝石装入竹筒中，将其点燃后发出了更大的声响，以此来驱散瘴气，制止瘟疫。这也是现代爆竹的原型。

此后的历朝历代都有关于燃放爆竹的记录，到了现代，伴随着人们环境保护意识的提高，以及燃放烟花爆竹出现环境风险和安全风险，在城市除夕燃放爆竹的现象已经越来越少。围绕着燃放爆竹的问题，如何平衡传统习俗和社会环境之间的关系，成为一个值得研究的重要课题。

故事传说

关于"夕"的传说

传说"夕"是一只拥有四角四足的凶恶猛兽，由于冬天大雪覆盖而缺少食物，这只凶兽常常去附近的村庄寻找吃的，给村民带来了极大的灾难。因此每逢腊月底，人们都要躲到附近的竹林里，不敢回家。

一年，村里人在逃跑的路上，发现了一个七八岁的孩子饿倒在路边。好心的村民将其救醒，带到山上一起躲避凶兽。

来到山上后，村民纷纷伐竹建房、烧火取暖，看到村民的举动，孩子好奇地问道："这个竹林离村子那么近，你们不怕夕会来到这里吗？"面对孩子的疑问，村民答道："以前村里人来这里躲避夕，当夕追来的时候，看到村民在伐竹子，夕就匆匆跑了。"

听了村民的解释，孩子想到了一个方法，他要求大家多砍一些竹节，并在各家门外挂一块红布，等到天亮之后，夕就再也不会回来了。村民们虽然半信半疑，却依然回到了各自的家中。

很快到了晚上，村民们因为害怕，都不敢睡觉。除了在自家门外悬挂红色布条外，村民们还将从竹林中带来的竹节，堆在了村子中间的空地上。因为天气寒冷，大家围绕在火堆旁边取暖。差不多到了子夜时分，一声震天巨响让村

民们清醒了起来,大家缩成一团不敢乱动。只有那个孩子站起来跑了出去,同时还告诉村民在夕过来之后,大家要往火堆里扔竹节。

孩子跑到村口,看到夕在四处搞破坏,就大声对着夕喊叫。当夕听到孩子的叫喊声后,迅速冲向村子中,但由于看到每家每户都挂着红色布条,就没敢进入村民家中。顺着孩子的声音,夕来到了村子中央的空地上。这时,孩子大声对着村民喊道:"快!将碎竹节扔到火堆里面!"

看到夕的村民早已经吓得僵在一边,没等村民反应过来,夕已经用角将孩子挑翻在地。听到孩子落地的声音,村民们才回过神来,纷纷将碎竹节向火堆里扔。由于碎竹节还很湿,在大火的燃烧下发出了剧烈的声响。噼里啪啦的声音让夕大惊失色,匆匆忙忙地逃出了村子。

自此之后,每年的腊月三十,村民们都拿着碎竹节等着夕到来。可自那之后,夕再也没有出现过,而在门前挂红布条和燃放爆竹的习俗却传承了下来。

七郎射夕

在远古传说中,还有一个关于"夕"的神话故事。传说在很久以前,夕经常来到村子里面糟蹋漂亮的姑娘,村民对其恨之入骨,但由于夕凶猛异常,所以村民又对它无可奈何。

有一个叫七郎的年轻人,力大无穷,射术惊人,还养着一条十分厉害的猎犬。看到村民遭到了夕的祸害,七郎决定找到夕,并将其除掉。此后,他带着自己的猎犬四处寻找夕的下落,转眼间就到了腊月三十这一天。

这一天他来到一个镇上,因为夕在白天不出来,半夜又难以寻见它的踪影。

七郎与村民商量，一旦发现夕，就找一些敲得响的东西使劲敲，搞出些大的动静，将夕吓出来。村民们答应了七郎的要求，纷纷准备了一些敲得响的东西备在家中。

这天晚上，夕果然闯入一户人家，这家人迅速敲起了屋子里的盆盆罐罐。听到这家人敲打器具的声音，整个村子的人都跟着敲了起来。夕被吓得四处乱跑，正巧被七郎撞见。七郎放出猎犬与夕缠斗，为了帮助七郎，村民们更加卖力地敲打盆罐。

在剧烈的声响中，夕逐渐在与猎犬的争斗中败下阵来。夕想要逃跑，却被猎犬咬住了后腿。此时，七郎趁机张开弓箭，对着夕射出猛烈的一箭，夕应声倒地而死。

自那以后，人们就将腊月三十这一天称为"除夕"。当天晚上每一户人家都会燃放鞭炮，集体守岁，来驱除邪恶，迎接美好幸福的新生活。

历史典故

桃符与春联

在很久以前，东海之上有一座仙山，山上有一片桃林，此桃林中的桃子又大又甜，吃了之后能够变成神仙。在树上有一只金鸡，每当金鸡鸣叫时，夜晚外出的鬼魂都要回到鬼蜮之中。

鬼蜮大门由神荼和郁垒两位大神看管，如果外出的鬼魂在夜间做了什么伤天害理的事情，神荼和郁垒就会抓住他们，并用芒苇做的绳子捆绑起来，送去喂老虎。因为天下间的鬼怪都惧怕这两位大神，后世人为了驱邪镇鬼，便将神荼和郁垒的画像画在了桃木板上，并挂在自家大门两侧。

这种桃木板就被称为"桃符"，随着时代的变迁，桃符也在不断变化。从最初的绘制神仙形象，到将两个神仙的名字写在桃符上，再后来发展到将字数相等、结构对称、意思相近的短诗写在桃符上。

到了宋代,人们开始在桃符上题写对联,同时承载对联的载体也逐渐转移到了象征吉祥喜气的红纸上。除了对联外,一些地方的人们还保留着贴门神的习惯。在民间,门神一般都是正义和勇气的象征,古人认为只有那些相貌出奇、天赋异禀、心地善良的人才能成为门神。所以,民间的门神大多是相貌狰狞,手中拿着各种武器的。由于我国大多数大门都是两扇对开,所以门神也总是成双成对的。

到了唐朝之后,除了神荼和郁垒外,人们还将秦叔宝和尉迟恭作为门神。

诗词文化

守 岁

[唐]李世民

暮景斜芳殿,年华丽绮宫。
寒辞去冬雪,暖带入春风。
阶馥舒梅素,盘花卷烛红。
共欢新故岁,迎送一宵中。

唐太宗李世民,即唐朝第二位皇帝,生于武功别馆(今陕西武功),杰出的政治家、战略家、军事家、诗人。该诗写于贞观之治时期,唐朝国力强盛,描绘了除夕之日,宫廷内外一派繁华景象。作者将"辞""去""带""入""舒""卷"等动态词语加入到诗词中,让整首诗清新自然,给人一种娓娓道来之感。

富丽堂皇的宫殿,和气融融的节日氛围,宫廷内外,张灯结彩,辉煌灿烂。摆上贡品,祭祀先祖,辞旧迎新。即使是宫廷皇家,也与寻常百姓一样,要热闹欢快地迎接新年。不只是宫廷之内,在这一时刻,整个天下都在欢庆新年。普天同庆的欢乐氛围,进一步加深了宫廷守岁的热烈氛围。

除夜寄微之

[唐] 白居易

鬓毛不觉白毵毵,一事无成百不堪。
共惜盛时辞阙下,同嗟除夜在江南。
家山泉石寻常忆,世路风波子细谙。
老校于君合先退,明年半百又加三。

白居易,字乐天,号香山居士,又号醉吟先生,祖籍山西太原,唐代伟大的现实主义诗人。他的诗歌题材广泛,形式多样,语言平易通俗,有"诗魔"和"诗王"之称。

此诗写于白居易中年时期,此时他的仕途正处于低谷之中。

在辞旧迎新之际,作者的心绪并不宁静。回想此前种种经历,回想家乡的美好山水,回想生活路上的艰难险阻,到了明天的新年自己就53岁了。

功名利禄转头空,荣华富贵如云烟,只有在这种辞旧迎新的时候,人们才会静下来思考。面对现在的"一事无成",确实让人难以回首。遥想曾经的意气风发,到如今已经时不我待。

守 岁

[宋]苏轼

欲知垂尽岁,有似赴壑蛇。

修鳞半已没,去意谁能遮。

况欲系其尾,虽勤知奈何。

儿童强不睡,相守夜欢哗。

晨鸡且勿唱,更鼓畏添挝。

坐久灯烬落,起看北斗斜。

明年岂无年,心事恐蹉跎。

努力尽今夕,少年犹可夸。

苏轼,字子瞻,又字和仲,号铁冠道人、东坡居士,世称苏东坡、苏仙,眉州眉山(今四川省眉山市)人,祖籍河北栾城,北宋著名书法家、文学家、画家,唐宋八大家之一。北宋中期的文坛领袖,在诗、词、散文、书、画等方面取得了很高的成就。

此诗作于仁宗嘉祐七年(1062年),当时,作者一个人在凤翔,时值年终,想要回家与父亲和弟弟团聚却不能,回想起故乡岁末的风俗,便以此诗抒发自己的思念之情。

"岁"既将至,何必守之?即使尽力挽回,也只是徒劳无益。"到了除夕,已经是岁末梢了,倒拔蛇已是不大可能,何况只抓住蛇尾巴梢,这样哪里能系得住呢?"这个风俗真是毫无道理。

孩子们明明想打瞌睡,却还要勉强欢闹起来,这是曾经故乡的年俗。长久夜坐看着灯花点点坠落,起身看来,北斗星已经横斜。彻夜守岁依然没有将其留住,时光在晨鸡的鸣叫中悄悄溜走。明年依旧还有这样的夜晚啊,虽然今年已经过去,我们仍应爱惜即将逝去的时光。时光总在不经意间流逝,就像蛇蜕皮一样,不可留住。但正因如此,我们才应该抓紧时间做事,不要等到时间所剩无几的时候,再去依靠勤勉来弥补。努力应该从现在开始,不要让自己的志向和抱负随时间一起付诸东流。